Lesen mit Felix 3

Die Lateinlektüre für Sprachanfänger

Griechische Mythen

C.C. Buchner Oldenbourg

Lesen mit Felix 3

Die Lateinlektüre für Sprachanfänger

Herausgegeben von
Clement Utz (Regensburg) und
Andrea Kammerer (Schwabach).

Lesen mit Felix 3 wurde erarbeitet von
Dr. Michael Lobe (Nürnberg).

Über weiteres fakultatives Begleitmaterial zu **Latein mit Felix** informiert Sie
C.C. Buchners Verlag · Postfach 1269 · D 96003 Bamberg.

1. Aufl. 1[6 5 4 3 2 1] 2011 10 09 08 07 06
Die letzte Zahl bedeutet das Jahr dieses Drucks.
Alle Drucke dieser Auflage sind, weil untereinander unverändert, nebeneinander benutzbar.

Dieses Werk folgt der reformierten Rechtschreibung und Zeichensetzung. Ausnahmen bilden Texte, bei denen künstlerische, philologische oder linzenzrechtliche Gründe einer Änderung entgegenstehen.

www.ccbuchner.de
www.oldenbourg-bsv.de

Lektorat: Bernd Weber
Layout und Satz: i.motion, Bamberg
Druck und Bindung: creo Druck & Medienservice GmbH, Bamberg

C.C. Buchner ISBN 978-3-7661-**5087**-5
Oldenbourg ISBN 978-3-486-**00388**-8

Übersetzung: Griechische Mythen

Hinweise für die Lehrkraft: Dieses Bändchen verfolgt die Grundidee, schon in der Spracherwerbsphase dem Schüler die Möglichkeit einer durchgängigen Lektüre zu bieten. Der Abwechslungsreichtum der Geschichten steigert die Lern- und Lesemotivation der Schüler, da sie ihr Wissen unmittelbar umsetzen können und müssen, wenn sie dem Inhalt der Texte folgen wollen.
Das Lektürebändchen besteht aus 25 Kapiteln, die in der Reihenfolge des Wortschatzes und der Grammatik dem Lehrbuch Latein mit Felix 3 *folgen und von Kapitel 64 bis 88 reichen. Dabei wurde in jedem Kapitel nicht nur auf eine ausreichende Umwälzung des jeweiligen neuen Wortschatzes und eine hohe Phänomendichte des jeweils aktuellen Grammatikstoffes, sondern auch auf kontinuierliche immanente Wiederholung geachtet, sodass sich eine gute Zusatzmöglichkeit zur Wiederholung, Vertiefung und Einübung bietet. Drei Hauptverwendungsmöglichkeiten sind denkbar: Im Rahmen der Intensivierungsstunden bietet dies Lesebändchen sicher willkommenes Zusatzmaterial an, zumal es sukzessive mit dem fortlaufenden Unterricht verzahnt ist. Es kann für den Schüler aber auch eine zusätzliche Möglichkeit für die häusliche Übung darstellen, und nicht zuletzt ist es geeignet, den Schülern in den Sommerferien eine gute Wiederholungsmöglichkeit des gesamten Stoffes der 7. Klasse in unterhaltsamer und spannender Form zu bieten.*

64 Jupiter schrie von Zorn entbrannt: „Kommt herbei, Winde und Wolken, und schickt eine riesige Menge von Wassergüssen auf die Länder hinab! Hilf auch du, Bruder Neptun! Befiehl den Flüssen, ihre Gewässer über die Ufer auszugießen! Fülle alle Felder mit Wasser an! Denn die Menschen haben einen schlechten Charakter: Obwohl sie Vernunft und Menschlichkeit kennen, rauben sie dennoch, quälen sie, töten sie. Meine strengen Worte haben bisher nichts bewirkt. Obwohl die Menschen von mir unterrichtet worden sind, verletzen sie die Gerechtigkeit und die Gesetze immer wieder; daher werde ich sie nun bestrafen." Kaum hatte der Gott seine Rede beendet, als plötzlich unglaubliche Regengüsse aus den Wolken auf die Erde herabprasselten. Auch von Neptun wurden die Befehle Jupiters vollendet: Auf dessen Befehl hin ergossen die Flüsse ihr Wasser in die Felder. Wenig später hatte ein gewaltiges Meer alle Länder bedeckt. Riesige Wasserfluten vernichteten Äcker, Vieh, Menschen, Häuser, Tempel und Altäre. Hohe Türme standen (ganz und gar) unter Wasser, Delfine schwammen durch düstere Wälder. Die wenigen Menschen, die noch nicht in den Fluten umgekommen waren, strebten zu den höchsten Berggipfeln. Dies taten sie jedoch vergeblich. Vom riesigen Meer umgeben, sahen sie die Wasser(mengen) steigen („wachsen"). Als Jupiter vom hohen Himmel aus Deukalion und seine Ehefrau in einem kleinen Schiff sitzen sah, beendete er von Mitleid veranlasst endlich die Überschwemmung. Denn er wusste, dass sie ohne Schuld waren. Deukalion sagte mit trauriger Miene: „Nun sind wir allein auf der ganzen Welt, Pyrrha. Was werden wir ohne Gefährten machen?" Beide traten weinend an den beinahe zerstörten Tempel der Themis heran. Dort baten sie demütig die Göttin: „Hilf uns, bitte! Kannst du die vernichteten Menschen wiederherstellen?" Die Göttin antwortete, weil sie durch deren Frömmigkeit dazu verleitet worden war: „Werft die Körperteile der Mutter auf die Erde!" Sie begriffen zuerst die sonderbaren Worte der Göttin nicht, dann aber erklärte Deukalion seiner Frau, als er den Sinn der Worte verstand: „Unsere Mutter ist die Erde. Deren Körperteile, das heißt die Steine, müssen wir werfen." Und tatsächlich wurden die Steine, die von Deukalion und Pyrrha geworfen worden waren, in Menschen verwandelt.

65 Dennoch durchschaute Juno die List des Jupiter sofort. Aber sie hütete sich davor, dass Jupiter dies erkannte. Deshalb fragte sie ihn: „Wer besitzt diese schöne Kuh? Woher kommt die so schöne Kuh?" Darauf dachte sich Jupiter irgendeine Geschichte aus: „Ich habe diese Kuh in dieser Gegend gefunden. Ist sie nicht schön?" Juno (antwortete): „Sicher ist sie das, mein Ehemann. Deshalb bitte ich dich, dass du mir dies schöne Tier schenkst." Jupiter, um nicht den Argwohn seiner Frau zu erregen („keinen Verdacht zu bewegen"), übergab ihr die Kuh. Juno führte die Kuh sofort zu einem Wächter, der den Namen Argus trug. Dieser war der beste Wächter, weil er hundert Augen hatte. Juno (sagte): „Ich wünsche, Argus, dass du diese Kuh mit dir wegführst. Triff Vorsorge, dass jene nicht fliehen kann! Triff Vorsorge, dass keiner sie rauben kann! Triff Vorsorge, dass mein Ehemann jene nicht befreit!" Lange Zeit war Io in der Gewalt des Argus. An einzelnen Tagen betrachtete sie ihr Abbild im klaren Wasser, immer wurde sie durch das (Spiegel-)Bild sehr erschreckt. Traurig wandte sie ihre Augen ab, weil sie keine Kuh sein wollte. Als sie schon die Hoffnung auf Rettung aufgegeben hatte, erblickte sie einmal zufällig ihren Vater und lief sofort zu ihm. Der erkannte die in eine Kuh verwandelte Tochter (zwar) nicht, berührte aber das schöne Tier mit der Hand. Obwohl Io irgendetwas zu sagen versuchte, hörte man nur unzivilisierte Laute. Als sie wahrnahm, dass der Vater ihre Worte nicht verstand, schrieb sie mit einem Huf („Fuß") Buchstaben in den Sand – sofort durchschaute der Vater das traurige Schicksal seiner Tochter. Aber schon war der Wächter Argus da und riss Io weg. Als Jupiter dies Unglück bemerkte, rief er Merkur herbei und gab ihm folgende Aufträge: „Bemühe dich, die unglückliche Gefangene aus den Händen des Argus zu befreien!" Wenig später kam Merkur mit Argus zusammen. Indem er ihm eine lange Geschichte erzählte, bewirkte er, dass dieser vom Schlaf übermannt („niedergeworfen") wurde. Dann tötete der Götterbote den Argus mit einem Schwert. Aber das Ende der Anstrengungen war noch nicht da. Juno nämlich trieb die arme Kuh über den ganzen Erdkreis, bis sie ermüdet am Ufer des Nil zusammenbrach („fiel"). Mit beinahe gebrochener Stimme sagte sie Folgendes: „Gute Götter, gebt ein Ende der Schmerzen! Ich bitte euch, mir diese Gestalt zurückzugeben, die ich einst hatte." Durch diese unglückliche Äußerung ist sogar die hartherzige („harte") Juno zu Mitleid veranlasst worden. Und siehe da: Die unglückliche Kuh ist sofort in ein Mädchen (zurück)verwandelt worden.

66 Apollo (fragte): „Warum trägst du diesen Bogen auf den Schultern, Amor? Diese Waffen sind für mich, einen mächtigen Gott, geeignet, nicht für dich. Ist dir etwa nicht bekannt, mit welch großer Kraft ich den Drachen (‚Schlange') getötet habe? Weißt du etwa nicht, wie viele Feinde ich mit meinen Geschossen besiegt habe? Lege also deinen Stolz ab! Gestehe mir den Ruhm zu! Ich bin nämlich ein mächtiger Anführer, nicht du, Bub!" Der kleine Amor schwieg zuerst, dann antwortete er: „Obwohl du schon viele mit deinen Geschossen besiegt hast, meine Geschosse werden dich bald bezwingen." Während Apollo zu lachen begann, eilte Amor zum höchsten Berg und schoss („schickte") von diesem Platz aus zwei Pfeile („Geschosse"): Durch den einen Pfeil ist der Gott Apollo mit einem riesigen Verlangen nach Liebe versehen worden, durch das andere Geschoss wurde bewirkt, dass Daphne von der Liebe keines Mannes bewegt wurde. Obwohl der Vater oft von ihr gefordert hatte, dass sie ihm Enkel schenken solle, hat jene immer gesagt: „Lass mich die Art und Weise meines Lebens wählen, Vater! Gestehe mir zu, ein freies Leben nach dem Vorbild der Göttin Diana zu führen! Ich will keinen Mann heiraten. Denn du weißt, welch glückliches Leben ich bis jetzt mit eigener Kraft geführt habe!" Einst erblickte der Gott Apollo Daphne und war sofort von tiefer („schwerer") Liebe entflammt. Er trat an sie heran und sagte mit einschmeichelnder („süßer") Stimme: „Bleib, schönes Mädchen, und höre meine Worte an! Warum fliehst du vor mir? Ich muss dich tadeln, weil du immer wieder entfliehst. Fühlst du etwa nicht, welch große Zuneigung ich habe?" („mit wie großer Liebe ich versehen bin") Aber vergeblich bat Apollo das hartherzige („harte") Mädchen. Daphne fuhr fort, dem Gott zu entfliehen. Wie sehr wünschte sich jene, dass sie an irgendeinem Ort verborgen sein konnte. Apollo jedoch hörte mit seinen Bitten nicht auf: „Hör zu, Mädchen, damit du weißt, vor wem du fliehst! Weder bin ich ein Diener noch ein Mann vom Land. Mein Vater ist Jupiter selbst, der höchste Gott. Ich kenne die Zukunft genau (‚gut'), ich habe den Menschen Künste und Lieder gegeben. Wer kann mit so großer Kraft Geschosse schießen (‚werfen') wie ich? Weißt du etwa nicht, wie oft ich den Menschen zu Hilfe gekommen bin? Ist dir etwa nicht bekannt, wie oft sie mir gedankt haben? Mir selbst jedoch kann ich nicht helfen: Ich werde von rücksichtsloser Liebe gequält. Daher warte bitte!" Aber dem Gott gelang es nicht, das Mädchen zu ergreifen und zurückzuhalten, obwohl er es oft versuchte. Wenig später aber konnte die ermüdete Daphne nicht mehr (weiter)laufen. Indem sie ihre Hände zum Himmel streckte, rief sie: „Helft, ihr Götter, und verwandelt mich in einen Lorbeerbaum, damit ich nicht von Apollo gefasst werde!" Und sieh da! Das Mädchen fühlte plötzlich, dass ihre Hände in Zweige, ihre Füße in Wurzeln verwandelt wurden. Apollo berührte kein Mädchen mehr, sondern einen schönen Baum. Der mächtige Gott sagte mit trauriger Stimme: „Es ist mir nicht gelungen, dich zu heiraten. Dennoch werde ich dich nicht verlassen: Ich wünsche, dass mein Haupt immer mit dem Lorbeer geschmückt wird."

67 Nachdem der junge Mann das hohe Haus des Sonnengottes betreten hatte, glaubte er zuerst nicht, was er sah: Liegesofas, Tische, Gemälde waren aus Gold gestaltet. Der Sonnengott saß auf einem goldenen Thron. Mit lauter Stimme fragte er den jungen Mann: „Welcher Grund hat dich hierhergeführt, mein Sohn? Was suchst du im Hause des Vaters, Phaëthon?" Der antwortete: „O Vater, o helles Licht der Welt, aus Not gezwungen komme ich zu dir." „Sag, was du willst!" „Schlechte Menschen erzählen immer Folgendes über mich: ‚Ist dieser Jüngling da der Sohn eines Gottes oder behauptet er das (nur) fälschlich?' Gib mir bitte ein Zeichen, mit dem ich denen da meine Würde zeigen kann." Darauf erhob sich der Sonnengott und berührte den Sohn mit seinen Händen: „Ich werde immer allen Menschen sagen, dass du mein Sohn bist. Aber damit du selbst dies nicht bezweifelst, wünsche dir, was du willst!“ Kaum hatte der Vater seine Rede beendet, als der Sohn sagte: „Erlaube mir, Vater, dein goldenes Viergespann und die flügelgeschmückten Pferde zu lenken!“ Der Sonnengott, durch diese Worte in Verwirrung gebracht, antwortete: „O unglücklicher junger Mann, weißt du etwa nicht, wie schwierig es ist, diesen goldenen Wagen und die Pferde zu lenken? Sehnst du dich nach einer so schweren Arbeit? Handelst du nun mit Vernunft oder hast du den Verstand verloren? Nicht einmal Jupiter, der über alle Götter herrscht, kann diese Pflicht erfüllen. Ich allein kann den goldenen Wagen über die Straßen des Himmels steuern. O Phaëthon, glaube mir: Ich selbst gerate in ungeheure Furcht, wenn ich auf dem Wagen stehend von hohem Himmel aus Meer und Länder erblicke. Auf welche Weise willst du die kräftigen Pferde zurückhalten? Diese wilden Tiere gehorchen kaum mir!“ Phaëthon gab aber seinen Plan nicht auf. Der Sonnengott sagte mit strengem Gesichtsausdruck: „Du wünscht dir keine Ehre, sondern das Verderben. Deshalb gib diesen dummen Plan auf! Willst du leben oder sterben? Welcher Wahnsinn treibt dich? Wenn du mir gehorchst, werde ich dir alles geben, wonach du dich sehnst.“ Aber der junge Mann wollte den Worten des Vaters nicht gehorchen. Da verstand der Vater, dass er den Sinn („Geist“) des Sohnes nicht umstimmen konnte. Deshalb führte er ihn zum goldenen Wagen und mahnte ihn mit diesen Worten: „Ich mahne dich, nur ja nicht den mittleren Weg zu verlassen. Weder der Himmel noch die Erde kann die Hitze der Sonne aushalten. Halte deshalb den mittleren Kurs (‚Lauf‘) ein!“ Aber schon hatte Phaëthon den Wagen bestiegen und den Pferden befohlen loszueilen. Sofort flogen die temperamentvollen Pferde in schnellem Lauf durch die Luft. Zuerst freute sich der fröhliche junge Mann, dann aber bekam er ungeheure Angst. Weil er die Zügel überhaupt nicht mehr festhalten konnte, verließen die Pferde die mittlere Bahn und liefen bald hierhin, bald dorthin. Dann brannte alles durch die Hitze der Sonne, von allen Seiten vernichteten die Flammen den Erdkreis. Dann wurde auch Phaëthon von den Flammen ergriffen und stürzte von hohem Himmel herab auf die Erde. Vater Sol erblickte mit trauriger Miene den Tod des Sohnes.

68 Europa war die Tochter des Königs Agenor. Alle Menschen liebten das schöne Mädchen. Immer kam sie mit einer Schar Freundinnen am Meer zusammen. Dort irrten die Freundinnen weit und breit an der Küste umher, bespritzten sich mit Wasser und sangen Lieder. Als Jupiter von hohem Himmel aus die schöne Europa inmitten ihrer Gefährtinnen spielen sah, ist er heftig von Liebe bewegt worden. Er beschloss, das Mädchen zu rauben. Also rief er schnell Merkur herbei und sagte ihm: „Steig vom Himmel herab und suche das Königreich des Agenor auf! Dort wirst du in den Bergen Vieh sehen, das du zur Küste treiben wirst.“ Obwohl der Götterbote den Grund für diesen Befehl nicht durchschaute, erfüllte er rechtschaffen seine Pflicht. Der höchste Gott verwandelte sich unterdessen in einen großartigen Stier. Merkur bemerkte nicht, dass dieser Stier wenig später mitten unter den Rindviechern war, die er zur Küste führte. Der in einen Stier verwandelte Jupiter erblickte Europa, wie sie von ihren Freundinnen umgeben war. Weil er das Mädchen sehr begehrte, trat er an sie heran. Zuerst fürchtete sich das schöne Mädchen ein wenig, dann aber berührte sie das Tier mit der rechten Hand: „Niemals habe ich einen so schönen Stier gesehen!“ Schon waren sehr viele Gefährtinnen da und berührten den Stier. Eine von den Freundinnen sagte: „Schau, Europa! Der große Stier liegt demütig auf der Erde. Ich glaube, dass er dich tragen will. Zögere nicht! Besteig ihn!" Europa zögerte nicht, schon saß sie auf dem Stier. Ihre Freundinnen freuten sich und lachten, als sich plötzlich der Stier erhob und zu laufen begann. Wenig später lief er so schnell, dass die Gefährtinnen der Europa nicht helfen konnten. Die heftig in Verwirrung gebrachten Freundinnen standen da und hörten die Stimme der armen Europa. Sie sahen, wie der Stier weit weg ins Meer ging und – mitten durch die Wellen schwamm. Der Stier versuchte das erschreckte Mädchens mit diesen Worten zu ermutigen: „Fürchte dich nicht, Europa! Erwarte tapfer die Zukunft! Denn ein glückliches Schicksal wartet auf dich." Endlich kamen sie zu einer Insel. Nachdem der Stier Europa dort abgesetzt hatte, ging er weg. Die vom Stier im Stich gelassene Europa schaute hierhin und dorthin. Plötzlich stand vor ihr ein Mann, der mit der Kleidung eines Gottes angezogen war und freundschaftlich sagte: „Fürchte dich nicht, schönes Mädchen! Ich bin der König dieser Insel, welche die Bewohner Kreta nennen. Ich werde dich retten, wenn du mich heiraten willst." Sofort erkannte Europa, dass dies die Stimme des Stieres war. Sie freute sich und war glücklich. Aber am folgenden Tag war sie von ihrem neuen Ehemann verlassen worden. Allein stand sie an der Küste und weinte bitterlich. Plötzlich hörte sie eine Stimme: Die Göttin Venus zusammen mit dem Gott Amor war da und sagte: „Sei nicht allzu traurig, Europa! Vergieße keine Tränen! Jupiter, der Göttervater, hat dich selbst zu seiner Ehefrau gemacht. Du wirst unsterblich sein, denn du wirst diesem Teil des Erdkreises deinen Namen geben."

69 Der junge Mann Aktäon tötete gern mit seinen Gefährten in den Wäldern wilde Tiere. Einst sagte Aktäon: „Ihr habt an einer großartigen Jagd teilgenommen, Freunde! Seht, welch große Beute wir gemacht haben! Wer von euch ist nicht ermüdet? Deshalb ist es uns nun erlaubt, auszuruhen. Morgen werdet ihr gewiss sehr viele Tiere fangen, wenn ihr euch heute ausgeruht habt." Einer von den Gefährten lobte die Worte des Anführers: „Dies ist weise gesprochen. Tatsächlich glaube ich, dass wir morgen mehrere Tiere fangen werden. Ich werde jetzt einen geeigneten Platz suchen, um Schlaf zu bekommen (‚anzustreben')." Aktäon antwortetete, er werde dasselbe tun, und ging in den düsteren Wald. Er wusste noch nicht, dass dies der Anfang seines Verderbens sein würde. Er kam in das der Göttin Diana heilige Gebiet. Dort umgaben hohe Bäume ein kleines Heiligtum. Diesen schönen Ort suchte Diana oft mit den Nymphen auf. Auch damals war jene dort: Schon hatte sie ihre Waffen und Kleidung abgelegt, um sich im Wasser der Quelle zu erfrischen. Die Nymphen bespritzten sich fröhlich mit Wasser und flochten („ordneten") sorgfältig das Haar der Göttin, als plötzlich Aktäon hinzukam. Heftig erschreckt schrien die Nymphen und versuchten, mit ihren Körpern die nackte Göttin zu verdecken. Aktäon stand da wie ein Standbild, sagte nichts und schaute nur die Göttin an. O unglücklicher junger Mann! Warum fliehst du nicht? Aber schon bespritzte Diana das Haupt des Aktäon mit Wasser. Scharf und streng sagte sie: „Dummer Jüngling, es ist dir nicht erlaubt, die Göttin Diana ohne Kleidung zu sehen. Ich glaube, dass du das, was du gesehen hast, deinen Gefährten erzählen wirst. Ich werde aber Vorsorge treffen, dass du diese Gemeinheit nicht begehst." Mit diesen Worten verwandelte sie den armen Mann in einen Hirsch. Dieser aber floh, von großer Angst gepackt, in den Wald. Als er im Wasser einer Quelle sein (Spiegel-)Bild sah, versuchte er erschreckt irgendetwas zu sagen, aber man hörte nur unzivilisierte Laute. Er dachte bei sich: „Werde ich hierbleiben oder nach Hause zurückkehren? Aber wie kann ich ein Leben in den Wäldern führen?" Während er dies überlegte, erblickten Hunde den durch den Wald irrenden Hirsch. Der unglückliche Aktäon rief: „Verletzt mich nicht! Erkennt ihr mich denn nicht? Ich bin euer Herr!" Aber die Hunde erkannten ihren Herrn nicht. Unverzüglich haben sie das arme Tier grausam zugrunde gerichtet.

70 Pyramus, ein tapferer junger Mann, und Thisbe, ein schönes Mädchen, wohnten in angrenzenden Häusern. Beide waren von tiefer („schwerer") Liebe zum anderen entflammt. Ihre Eltern aber erlaubten eine Hochzeit nicht. Ihnen war es auf Befehl der strengen Väter nicht einmal erlaubt, sich zu treffen. Die Liebenden jedoch fanden in der Wand einen Spalt, durch den heimlich Worte gesandt wurden. Einst (er)öffnete Pyramus seiner Freundin folgenden Plan: „Ich werde durch übermäßige Liebe gequält. Ich muss dich unbedingt sehen. Deshalb bitte ich dich, die Wächter zu täuschen und nachts das Vaterhaus zu verlassen. Wir werden uns beim großen Heiligtum, das vor der Stadt liegt, treffen. Dort wirst du eine Quelle und einen hohen Baum sehen." Dieser Plan gefiel dem Mädchen; um Mitternacht täuschte sie den Wächter, ging aus dem Haus und fand leicht den Ort. Obwohl Pyramus noch nicht da war, setzte sich Thisbe ohne Angst unter den hohen Baum. Plötzlich aber kam ein Löwe mit blutigem Maul zur Quelle. Das erschrockene Mädchen erhob sich schnell und floh weit weg. Auf der Flucht ließ Thisbe einen Teil ihres Kleides zurück, das der Löwe mit Blut bespritzte. Wenig später kam Pyramus herbei und fand das mit Blut bespritzte Kleid des Mädchens. Im Glauben, dass die Freundin getötet worden sei, ist der junge Mann von großem Schmerz befallen worden. Mit unglücklicher Stimme schrie er: „Diese eine Nacht wird zwei Liebende zugrunde richten. Ich bin schuld, Thisbe! Wenn ich als Erster dagewesen wäre, hätte ich dich sicherlich gegen die Löwen verteidigt. Ergreift mich, ihr wilden Löwen!" Und er fügte diese bittere Worte hinzu: „Ich will dieses traurige Leben nicht mehr ohne dich verbringen." Dann tötete er sich mit dem Schwert. Sieh da! Schon kehrte Thisbe zurück, um endlich Pyramus zu treffen und ihm von der großen Gefahr zu erzählen. Als sie den jungen Mann blutüberströmt auf der Erde liegen sah, schrie sie, wobei sie Tränen vergoss: „Pyramus, welch schlimmes Schicksal hat dich zugrunde gerichtet? Sprich, Pyramus, höre, öffne die Augen! Deine Thisbe ruft dich!" Als der junge Mann den Namen des geliebten Mädchens hörte, öffnete er die Augen, dann schied er aus dem Leben. Das Mädchen erblickte das Schwert und sagte: „Auch ich habe eine kräftige Hand. Sicherlich werden die Eltern einsehen, dass ich nach dem Tod des Freundes nicht mehr leben will. Obwohl wir zu Lebzeiten nicht zusammengekommen sind, werden wir dennoch im Tode vereinigt sein." Kaum hatte sie diese Worte gesprochen, als sie sich mit dem Schwert tötete.

71 Vulcanus hat mit freundschaftlicher Miene den Sonnengott begrüßt: „Sei gegrüßt, großer Sonnengott! Welcher Grund führt dich an diesen düsteren Orten? Verzeih, wenn die Dunkelheit, die Flammen und der Lärm der Kyklopen dich beunruhigen. Hier arbeiten harte und kräftige Arbeiter." Der Sonnengott antwortete: „Ich hoffe, du wirst nicht verzweifeln, wenn ich dir über die Gemeinheit deiner Ehefrau erzählt habe." Nachdem Vulcanus den Hammer niedergelegt hatte, rief er laut: „Sag mir, was meine Ehefrau getan hat!" Der Sonnengott (sagte): „Schon lange liebt Venus den Mars. Immer wenn du unter dem Berg arbeitest, treffen sich beide heimlich. Ich selbst habe neulich gesehen, dass sie sich Küsse gaben." Nachdem er ihm diese Neuigkeit gemeldet hatte, verließ der Sonnengott den unglücklichen Vulcanus. Der hielt seinen gerechten Zorn nicht zurück: Nachdem er den Hammer mit beiden Händen ergriffen hatte, zerbrach er ein fast fertig gemachtes Schwert. „Gewissenlose Ehefrau, du hast den Anstand verletzt! Du liebst Mars, den Mars, dessen Waffen ich mit diesen Händen gefertigt habe? Mich vernachlässigst du, der ich die Blitze Jupiters gefertigt habe? Ich habe auf Befehl Jupiters die Kette vollendet, mit der Prometheus am Kaukasus befestigt wurde. Ich sorge für die Götter, damit sie mit den von mir gemachten Waffen Siege erringen können. Und du bereitest mir eine solche häusliche Niederlage, Ehefrau? Nachdem ich deine Schandtat nun durchschaut habe, werde ich streng gegen dich vorgehen. Auch meinen Gegner Mars werde ich nicht schonen. Ich habe schon einen geeigneten Plan." Nach Beendigung der Arbeit des Tages suchte Vulcanus Venus auf. Obwohl sein Zorn wuchs, aß und lachte er dennoch mit der Ehefrau. Er sagte: „Morgen werde ich nicht zu Hause sein, Ehefrau. Denn auf der Insel Lemnos erwarten mich große Arbeiten." Tatsächlich rief Venus den Mars zu sich, weil sie glaubte, dass ihr Ehemann zur Insel gereist sei. Als endlich der Gott Mars herbeikam, war Venus fröhlich. Die Liebenden gaben sich Küsse, als plötzlich ein eisernes Netz auf sie fiel. Beide konnten sich nicht mehr bewegen. Nun hörten sie die Stimme des Vulcanus: „Seht, Freunde, welch schöne Vögel ich heute gefangen habe!" Da sahen Mars und Venus die Menge der Götter, die sich rings um sie aufgestellt hatten. Die Götter lachten heftig über den sonderbaren Anblick. So ist Venus, die ihren Ehemann täuschen wollte, selbst getäuscht worden. Viele Schriftsteller lobten später den Vulcanus wegen dieser List.

72 Als der junge Mann Perseus sich auf die ihm vom König aufgetragene Arbeit vorbereitete, stand plötzlich die Göttin Minerva vor ihm: „Höre, junger Mann! Es gibt einen einzigen Weg zum Sieg. Suche zuerst die drei Schwestern der Medusa auf. Diese wohnen in den Bergen Afrikas. Sie besitzen ein gemeinsames Auge, das sie untereinander teilen. Wenn du ihnen dies Auge geraubt hast, werden sie dir den Weg zu Medusa zeigen. Nimm außerdem diesen Schild (an), der dir von Nutzen sein wird!" Nachdem sie diese Worte gesprochen hatte, schwang sich die Göttin in die Lüfte. Nachdem er die Reise nach Afrika gemacht hatte, traf Perseus tatsächlich die drei Schwestern der Medusa. Wie Minerva es gesagt hatte, wollten sie zuerst dem jungen Mann nicht helfen. Nachdem er aber das Auge geraubt hatte, gehorchten sie und erklärten dem jungen Mann bereitwillig („gern") den Weg zu Medusa. Dennoch gab Perseus den Frauen das Auge nicht zurück, sondern warf es in die nahegelegene Quelle. So hatte er Vorsorge getroffen, dass die Schwestern der Medusa inzwischen nicht meldeten, dass Perseus bald da sein werde. Wenig später begegnete der junge Mann einigen Nymphen. Sie sagten: „Nimm diesen Rucksack (an), in dem du den Kopf der Medusa (ver)bergen kannst." Der junge Mann dankte und setze seine Reise fort. Bald darauf sah er, wie der Göterbote Merkur herbeikam. Der sagte: „Ich bin in deinen Plan eingeweiht. Deshalb besitze für dich dieses aus Silber gefertigte Schwert. Nimm auch diese Flügelschuhe (an)! Mit ihnen wirst du schnell zu Medusa gelangen. Aber wenn du die Höhle von jener betreten hast, hüte dich davor, sie anzublicken! Bis jetzt sind alle in Felsblöcke verwandelt worden, die diese erblickt haben." Tatsächlich flog Perseus mit Hilfe der Flügelschuhe schnell zu jener Küste, wo Medusa lebte. Nachdem er endlich die Medusa gefunden hatte, machte Perseus das, was Merkur angeordnet hatte. Weise sorgte er dafür, dass er jeder Gefahr entkam. Nachdem er die Medusa mit dem Schwert getötet hatte, schnitt Perseus ihren Kopf ab und (ver)barg ihn im Rucksack. Dann flog er durch die Luft, um in die Heimat zurückzukehren, als er plötzlich durch heftige Windböen in das Königreich des Atlas getrieben wurde. Der junge Mann bat den mächtigen Mann, dass er in dieser Nacht in dessen Haus schlafen konnte. Als er aber von diesem abgewiesen wurde, sagte Perseus voller Zorn: „Da du das Gastrecht vernachlässigst, wirst du ein geeignetes Geschenk erhalten." Nachdem er diese Worte gesprochen hatte, zeigte er dem Atlas den Kopf der Medusa. Sofort ist Atlas in einen großen Berg verwandelt worden.

73 Nachdem Atlas in einen Berg verwandelt worden war, setzte Perseus seinen Weg zur Küste Äthiopiens fort. Dort sah er ein schönes Mädchen, das an einen Felsen gefesselt war. Sofort trat er hinzu und begann dieses zu fragen: „Welchen Namen trägst du, Mädchen? Welches grausame Schicksal hält dich hier fest?" Zuerst verbat ihr die Scham zu antworten. Dann aber gab sie folgende Worte (von sich): „Mein Name ist Andromeda. Ich bin die Tochter des Kepheus, des Königs von Äthiopien. Höre den Grund meines Unglücks! Meine Mutter rühmte vor den Göttinnen des Meeres ihren schönen Körper. Sie sagte, dass keine Frau ihr ebenbürtig sei. Weil meine Mutter sich höher einschätzte als die göttlichen Frauen, riefen diese von Zorn entflammt Neptun herbei. Auf Veranlassung des Gottes ist ein Exempel statuiert worden. Unsere Heimat ist durch eine Überschwemmung fast vernichtet worden, ich bin an diesen Felsen gebunden worden. Neptun hat nämlich beschlossen, mich einem schrecklichen Drachen vorzuwerfen, um auf diese Weise meine Mutter zu bestrafen." Kaum hatte das Mädchen dies gesagt, als ein gewaltiger Drache aus den tiefen Wellen des Meeres seinen Kopf erhob und sich der Küste zu nähern begann. Andromeda, heftig erschreckt, schrie, ihre Eltern eilten im Laufschritt dorthin. Perseus rief mit lauter Stimme: „Der Drache wird bald da sein. Deshalb hört meine Worte: Ich bin Perseus, ein Sohn des Jupiter. Ich habe die grausame Medusa besiegt. Ich werde Andromeda retten, wenn es mir erlaubt sein wird, sie zu heiraten. Dann werde ich zum Kampf bereit sein." Der Vater der Andromeda antwortete: „Du wirst nicht gegen meinen Willen meine Tochter heiraten. Wenn du unsere Andromeda von dem Drachen befreist, wirst du zu meinen Lebzeiten mein Königreich besitzen. Und schon war der Drache da. Perseus erhob sich mit den Flügelschuhen in die Luft und griff mit gewaltigem Schwung des Schwertes das große Tier an. Obwohl das Ungeheuer große Flammen ausstieß („schickte"), ist es von dem tapferen jungen Mann getötet worden. Andromeda und ihre Eltern sahen von der Küste aus, wie der tote Drache in den Wellen versank. Das Mädchen war von Liebe entbrannt, als Perseus sie von ihren Fesseln befreite. Die glücklichen Eltern dankten dem jungen Mann. Wenig später war die Hochzeit. Aber plötzlich drang Phineus, der Bruder des Königs, mit seinen Soldaten in das fröhliche Festmahl ein und schrie: „Andromeda, die lange Zeit (er)hoffte Ehefrau, hat ohne mein Wissen irgendeinen Mann geheiratet. Nun bin ich hierhergekommen, um die gerechte Hinrichtung an Perseus zu vollziehen.“ Sofort begannen alle Gäste einen heftigen Kampf. Aber die Menge der Soldaten des Phineus war so groß, dass Perseus sich kaum verteidigen konnte. Als er erkannte, dass diese siegen würden, wandte er sich ab, ergriff den Kopf der Medusa und streckte es den Feinden entgegen („zeigte es“). Sofort sind Phineus und seine Soldaten in Felsblöcke verwandelt worden.

74 Tantalus war nicht nur ein reicher und mächtiger König Lydiens, sondern auch ein Sohn Jupiters. Ihm hatte der höchste Gott erlaubt, an den Gastmählern der Götter teilzunehmen. Aber Tantalus war einer solchen Ehre nicht würdig. Denn er erzählte den Menschen alles, was er bei den Göttern gehört hatte. So groß war seine Kühnheit, dass er einmal die Weisheit der Götter auf folgende schändliche Weise prüfte: Zuerst tötete er seinen Sohn, er rief darauf die Götter zum Essen und stellte dann die Körperteile des getöteten („ausgelöschten“) Jungen auf den Tisch. Er meinte nämlich, dass die Götter ein so großes Verbrechen nicht bemerken würden. Tatsächlich aß Ceres die Schulter des Jungen. Die übrigen Götter durchschauten sofort das grausame Verbrechen des gewissenlosen Vaters. Einer von ihnen rief: „Möge der arme Junge ins Leben zurückkehren! Möge die verletzte Schulter wiederhergestellt werden! Der verbrecherische Vater jedoch möge schwer bestraft werden! Zögert nicht, Gefährten! Last uns dem Jungen das Leben zurückgeben! Lasst uns den gewissenlosen Tantalus bestrafen!“ Tatsächlich gaben die Götter dem Jungen das Leben zurück und schenkten ihm eine aus Silber gefertigte Schulter. Da schrie Jupiter voller Zorn: „Welcher Wahnsinn hat dich erfasst, mein Sohn Tantalus? Die Götter haben den Menschen, die sich so grausam verhalten haben, niemals verziehen, verzeihen niemals, werden nie verzeihen. Ich meine, dass du jedes Maß überschritten hast. Lasst uns deshalb eine neue Art von Strafe erfinden!“ Nachdem er diese Worte gesprochen hatte, schickte er den Tantalus in die Unterwelt hinab. Dort ist jener gezwungen worden, mitten im Wasser zu stehen. Sooft er zu trinken verlangte, wich das Wasser immer zurück, sodass er den brennenden Durst niemals löschen konnte. Außerdem war über seinem Kopf ein Baum, voll von süßen Früchten. Aber sooft dieser Unglückliche seine Hände ausstreckte, um die Früchte zu ergreifen, wurden sie in die Höhe gehoben. Oft sagte Tantalus mit erbärmlicher Stimme: „O wenn es mir doch erlaubt wäre, Wasser zu trinken! O wenn mir die Götter doch erlaubten, diese schönen Früchte zu essen! O hätte ich doch meinen Sohn nicht getötet! O hätte ich doch kein so großes Verbrechen begangen!“ Aber er wünschte das vergeblich; die Götter versahen Tantalus auf ewig mit dieser Strafe.

75 Weil Jupiter beschlossen hatte, den Sisyphus zu bestrafen, schickte er den Tod zu diesem. Auch wenn der Tod bis jetzt alle Menschen unverzüglich besiegt hatte, den Sisyphus konnte er nicht besiegen. Dieser nämlich legte den Tod in so kräftige Fesseln, dass dessen Macht gebrochen wurde. Da waren alle Menschen auf der ganzen Welt fröhlich, weil niemand mehr starb. Deshalb erbat Jupiter Hilfe von Mars, dem Kriegsgott. Dieser hörte sofort auf, Krieg zu führen und zog sich aus der Schlacht zurück. Der bewaffnete Mars befreite schnell den Tod aus den Fesseln. Während der Tod wiederum seine Pflichten zu erfüllen begann, führte Mars den Sisyphus in die Unterwelt. Jupiter freute sich, im Glauben, dass Sisyphus an jenem traurigen Ort endlich bestraft würde. Aber wiederum täuschte Sisyphus die Götter: Er wusste, dass Pluto unbestatteten Menschen keinen Zutritt in die Unterwelt gewährte. Deshalb verbot er seiner Ehefrau, seinen toten Körper in der Erde zu bestatten („verwahren, verbergen"). Tatsächlich gelang diese List: Kaum waren Mars und Sisyphus die Unterwelt eingetreten, als Pluto rief: „Komm nicht herbei, Sisyphus! Hier darfst du nicht bleiben, weil dein Körper noch nicht in der Erde bestattet (‚verwahrt, verborgen') ist. Wenn das geschehen sein wird, wirst du gern in meinem Königreich aufgenommen werden! Nun aber geh weg!" Sisyphus verspottete den Mars und kehrte fröhlich auf die Erde zurück. Er gehorchte dem Befehl Plutos nicht, sondern führte ein glückliches Leben mit seiner Ehefrau, besonders weil jene viele Gastmähler ausrichtete. Oft hat Sisyphus den Pluto ausgelacht, weil er den so mächtigen Gott mit einer List getäuscht hatte. Einmal aber stand der Tod wiederum vor Sisyphus und sagte: „Du wirst mich nicht mehr besiegen, wenn du den Göttern auch oft entkommen bist. Komm mit mir in die Unterwelt!" Nun leistete Sisyphus dem Tod keinen Widerstand mehr und suchte nicht seine Rettung in der Flucht. Er ließ sich vom Tod in die Unterwelt wegführen. Dort erwartete ihn eine schwere Strafe: Auf Veranlassung Jupiters nämlich wurde er gezwungen, einen Felsblock auf einen hohen Berg zu wälzen. Sofort begann Sisyphus mit der harten Arbeit. Als er aber die Pflicht erfüllt hatte, stürzte der gewaltige Felsblock vom Berg hinab. Wiederum begann Sisyphus den Felsblock zu wälzen, wiederum fiel der Felsen vom Berg hinab. Obwohl sich Sisyphus mit allen Körperkräften anstrengte, gelang es ihm dennoch niemals, jene Arbeit zu vollenden.

76 Proserpina war die Tochter des Jupiter und der Ceres. Die Mutter liebte das schöne Mädchen so sehr, dass sie es weit weg auf der Insel Sizilien verbarg, damit Proserpina nicht von einem Mann weggeführt werden konnte. Tatsächlich führte das Mädchen dort ein ruhiges Leben ohne Bewachung („ohne Wachposten"). Mit den Nymphen irrte sie durch die ausgedehnten Wälder, trank aus den klaren Quellen das Wasser und spielte auf den Feldern. Einmal sammelte sie auf einem Feld bunte Blumen, um sich den Kopf zu schmücken. Fröhlich sang sie ein Lied, ohne zu wissen, dass sie in höchster Gefahr war. Plötzlich nämlich öffnete sich die Erde. Vier Pferde sprangen in schnellem Lauf heraus und zogen einen Wagen, auf dem Pluto, der König der Unterwelt, stand. Dieser ergriff sofort die erschrockene Proserpina und versuchte sie mit sich wegzuführen. Die Nymphe Cyane jedoch, die an einer nahen Quelle lebte, bemerkte diesen Diebstahl. Tapfer trat sie den Pferden des Pluto entgegen und rief mit lauter Stimme: „Macht halt, macht halt! Wenn du auch ein mächtiger König bist, ist es dir gewiss nicht erlaubt, ein Mädchen zu rauben. Ich verstehe nicht, warum du ein solches Verbrechen begehst. Oder weißt du nicht, was erlaubt ist, was nicht? Weißt du denn nicht, dass Liebe nötig ist, wenn du heiraten willst? Berücksichtige außerdem die erbärmliche Lage der Mutter Ceres! Ich frage dich, wie du der traurigen Mutter diese Schandtat erklären willst!" Und sie fügte folgende Worte hinzu: „Gib also diesen unanständigen Plan auf!" Der Gott Pluto antwortete nicht mit Gelassenheit, sondern wutentbrannt: „Bedenke, was du sagst! Ich zweifle, ob du dumm oder frech bist, kleine Nymphe! Niemand nämlich darf einem Gott sagen, was zu tun sich gehört. Mach mir Platz!" Als die Nymphe nicht (aus)wich, warf Pluto sein Zepter in deren Quelle. Nachdem auf diese Weise ein Weg in die Unterwelt geschaffen war, stieg er mit dem Wagen, den Pferden und dem Mädchen in sein Königreich herab. Die traurige Cyane vergoss so viele Tränen, dass sie selbst in eine Quelle verwandelt wurde. Zuerst werden der Kopf, dann die Schultern und die Brüste flüssig, dann zergehen die übrigen Körperteile zu Wasser („gehen in das Wasser weg"). Wenig später suchte Ceres die Quelle auf, um die Nymphe zu fragen, wo ihre Tochter sei. Aber die zu Wasser verwandelte Cyane konnte der traurigen Mutter nicht mehr antworten.

77 Die lykischen Bauern. Nachdem die Göttin Latona ihre Kinder zur Welt gebracht hatte, suchte sie Lykien auf. Es war Sommer, die Sonne brannte. Die Göttin konnte die Hitze nicht mehr ertragen, da sie von der langen Reise ermüdet war. Außerdem weinten die armen Kinder und schrien, weil sie von gewaltigem Hunger und Durst gequält wurden. Plötzlich erblickte die Mutter von fern einen Teich voll von Wasser. Also eilte sie mit schnellem Schritt dorthin. Als sie in der Nähe war, sah sie mitten im Teich Landmänner stehen, die dort Schilfstengel sammelten. Als die Göttin Wasser trinken wollte, hielten die bösen Männer die arme Frau vom Teich fern. Latona fragte sie: „Warum haltet ihr mich vom Wasser fern? Der Gebrauch des Wassers ist ein allgemeines Gut. Die Natur hat weder die Sonne noch die Luft noch die Wellen einzelnen Menschen gegeben. Demütig bitte ich, dass ihr mir Zugang zum Wasser gewährt (‚gebt'). Ich bin nämlich nicht hierhergekommen, um meinen ermüdeten Körper zu waschen, sondern um den großen Durst zu löschen. Warum fügt ihr mir so großen Schmerz zu? Auch wenn ihr kein Mitleid habt, rühren (‚bewegen') euch denn nicht meine kleinen Kinder? Allzu lange nämlich haben sie den Dust ertragen. Bringt ihnen Wasser herbei, bitte! Liefert sie nicht dem Tod aus!" Während sie das sagte, streckten die gierigen Kinder ihre kleinen Hände zum Wasser aus. Aber die Landmänner wurden weder durch diesen Anblick noch durch die Bitten der Mutter bewegt. Sie fuhren nicht nur fort, die Göttin vom Wasser fernzuhalten, sondern sie fügten überdies folgende Gemeinheit hinzu: Sowohl mit Händen als auch Füßen brachten sie das klare Wasser so in Verwirrung, dass es nicht mehr getrunken werden konnte. Als Latona das sah, übertraf der Zorn den Durst. Die Göttin hob ihre Hände zum Himmel und sagte: „Ich bitte euch, Götter, dass diese Verbrecher immer in diesem Teich leben. Ich wünsche, dass ihr ihnen eine gerechte Strafe zufügt (‚bringt')!" Und sofort geschah eine sonderbare Sache: Die einen Männer befanden sich unter Wasser („unter den Wellen"), die anderen erhoben ihren kleinen Kopf aus dem Wasser. Die Götter hatten sie nämlich in Frösche verwandelt, weil sie die heiligen Gesetze der Gastfreundschaft verletzt hatten. Auch ihre Stimmen wurden verwandelt. Wenn sie auch unter Wasser waren, versuchten sie unter Wasser zu schimpfen. Diese Geschichte ist bis auf unsere Zeiten überliefert („berichtet") worden, damit das Gute vom Bösen unterschieden werden kann.

78 Niobe, die Königin von Theben, hatte die Gewohnheit, sich selbst zu loben. Allzu sehr rühmte sie ihren Körper, ihre Weisheit, ihren Reichtum. Aber vor allem die große Zahl ihrer Kinder erfüllte sie mit Stolz: Sie hatte nämlich sieben Söhne und sieben Töchter. Einmal fasste die junge Frau, die die Tempelwächterin der Göttin Latona war, den Beschluss, die thebanischen Frauen zu versammeln. Nachdem sie sich einen Kranz auf den Kopf gesetzt und ein schönes Kleid angezogen hatte, lief sie deshalb durch die Straßen der Stadt und rief: „Frauen, kommt in den Tempel der Latona und bringt der Göttin und ihren Kindern Opfer dar!" Tatsächlich betraten am folgenden Tag viele Frauen den Tempel. Kaum hatten sie die Opfer begonnen, als plötzlich Königin Niobe eintrat und voller Zorn ausrief: „Welcher Wahnsinn, ihr Frauen, hat euch hierher getrieben? Ich frage euch, warum ihr fremde Götter verehrt und beinahe göttliche Menschen schändlich beiseitelasst. Ich will wissen, ob ihr Latona oder mich für wichtiger haltet." Die Frauen, von so großer Überheblichkeit bewegt, senkten ihre Blicke auf die Erde. Die Königin jedoch fuhr unverzüglich fort zu sprechen: „Wisst ihr etwa nicht, dass Tantalus mein Vater gewesen ist, dem es erlaubt war, mit den Göttern zu speisen? Ist denn nicht Jupiter selbst mein Großvater? Nehmt euch Zeit zum (Nach-)Denken: Mir gehorchen die Völker Phrygiens, ich besitze gewaltigen Reichtum. Außerdem werdet ihr durch Vergleichen leicht erkennen, dass ich so schön wie diese Göttin bin. Fügt nun die große Menge meiner Kinder hinzu! Latona hat nur zwei Kinder – das ist der siebte Teil meiner Freude! Ich bin so glücklich und so mächtig, dass die Schicksalsgöttin keine Fähigkeit hat, mich zu verletzen. Auch wenn Fortuna mir einige Kinder entrisse, würde ich dennoch niemals zu dieser kleinen Zahl der Kinder der Latona herabsinken (‚herabsteigen'). Deshalb hört mit den Opfern auf, ihr dummen Frauen, und geht nach Hause!" Nachdem sie diese Worte gehört hatten, verließen die Frauen die Altäre und den Tempel sofort. Aber die Göttin Latona, die mit Sohn Apollo und Tochter Diana von einem sehr hohen Berg aus diese Schandtat gesehen hatte, sprach: „Ich kann es nicht mehr ertragen, dass diese sterbliche Frau mich und euch mit Worten entehrt. Bestraft sie!" Apollo und Diana flogen in einer Wolke verborgen schnell nach Theben. Vor den Mauern der Stadt trainierten die Söhne der Niobe durch Laufen und Kämpfen ihre Körper. Apollo, im Pfeileschießen erfahren, spannte den Bogen und tötete alle jungen Männer. Nachdem diese Nachricht der Niobe gebracht worden war, eilte die Königin sofort zu den Körpern ihrer toten Söhne. Weinend sagte sie: „Freu dich, grausame Latona, dass du mir sieben Söhne entrissen hast. Freu dich, dass du gesiegt hast!" Aber wenig später rief sie: „Habe ich etwa gesagt, dass du gesiegt hast, Göttin? Du hast gewiss nicht gesiegt: Ich habe mehr Kinder als du." Kaum hatte die Königin diese Worte voller Kühnheit ausgesprochen, als Diana da war und außer einer die Töchter der Niobe mit schnellen Geschossen tötete.

79 Als der Satyr Marsyas durch die Berge irrte, fand er zufällig diese Flöte, die auf der Erde lag. Sofort versuchte er, auf der Flöte zu spielen. Zuerst bewirkte er nur ziemlich hässliche Töne, aber nachdem er viele Tage lang die Kunst des Spielens geübt hatte, brachte er angenehmere Töne als vorher hervor („goss ... aus"). Nachdem er sich durch häufiges Üben eine sehr große Fähigkeit im Flötespielen erworben hatte, beschloss er, mit Apollo einen Wettstreit zu beginnen. Deshalb suchte er den überaus vornehmen Gott auf und sagte: „Ich will wissen, wer von (uns) beiden die angenehmeren Töne auf der

Flöte hervorbringt (‚herstellt'). Lass uns deshalb um den Sieg streiten!" Apollo antwortete mit sehr überheblicher Stimme: „Wer bist du denn, Unbekannter, dass du mit mir einen solchen Wettstreit beginnen willst? Aber wenn du auch ein ziemlich unbedeutender Mann bist, werde ich mit dir wetteifern. Höre jedoch meine Bedingung: Du wirst eine Flöte haben, ich die Leier. Nachdem diese Bedingung vom Satyrn angenommen worden war, wurde der Wettstreit begonnen. Als Apollo bemerkte, dass Marsyas nicht schwächer als er war, fügte er eine neue Bedingung (hin)zu: „Lass uns nun eine schwierigere Arbeit angehen (‚Lass uns herantreten an ...')! Kannst du zur Flöte ein Lied singen?" Zu spät bemerkte Marsyas die schlimme List des gelehrten Gottes – schon war er besiegt. Apollo konnte nämlich leicht zur gleichen Zeit sowohl Leier spielen als auch mit der Stimme singen. Da (sagte) der Gott grausam lachend: „Du hast dich genug gefreut, Satyr! Weil du eine so große Frechheit hattest, mich besiegen zu wollen, hast du eine überaus schwere Strafe verdient." Apollo band sofort den armen Satyrn an einen Baum und begann ihn lebend zu häuten. Es ist bekannt, dass die Tränen des Satyrn in den Fluss Marsyas verwandelt worden sind.

80 Nicht weit von der Stadt Athen lebte damals Prokrustes. Er war ein grausamer Mensch, größer („länger") als ein hoher Baum. Er ließ keine Gelegenheit aus, seine Gäste mit einer schändlichen List zu täuschen. Als einmal ein Gast auf dem Weg nach Athen am Haus des Prokrustes vorbeiging, ging dieser schnell heraus und sagte mit überaus freundschaftlichem Gesichtsausdruck: „Sei gegrüßt, Wanderer! Ich sehe, du Ärmster, dass du von der Reise ermüdet bist. Und schau! Schon ist der Abend da, die Nacht wird bald zur Stelle sein. Es ist sehr schwierig, in der Dunkelheit zu reisen. Das Leichteste ist jedoch, die Reise auf den folgenden Tag zu verschieben. Betritt mein Haus! Wenn du willst, wirst du in dieser Nacht hierbleiben und dich mit guten Speisen erfrischen. Ist nämlich der Hunger vertrieben, wirst du schneller nach Athen kommen. Warum zögerst du?" Immer wenn irgendeiner der Gäste das Haus betreten hatte, wurde er zuerst durch eine vortreffliche Mahlzeit erfreut, dann zum Bett geführt. Prokrustes sagte immer folgende Worte: „Ich sehe, dass du länger als das Bett bist, Gast. Aber ich werde dir helfen." Mit diesen Worten schnitt der Verbrecher dem überaus unglücklichen Gast die Füße ab. Falls irgendein Gast kürzer als das Bett war, wurden seine Glieder von Prokrustes mit so großer Gewalt gestreckt, dass der arme Mensch zugrunde ging. Als Prokrustes den Theseus bemerkte, versuchte er, den jungen Mann auf dieselbe Weise zu täuschen. Tatsächlich betrat der junge Mann zusammen mit Prokrustes das Haus und aß dort. Nach dem Essen führte der gewissenlose Mann den Theseus zum Bett und sagte: „Ich sehe, dass du länger als das Bett bist, Gast! Aber ich weiß, wie ich dich kürzer machen werde." Als der junge Mann sah, dass Prokrustes ein messerscharfes Schwert ergriff, tötete er den Verbrecher unverzüglich. Nachdem die Nachbarn vom Tod des Prokrustes gehört hatten, freuten sie sich und dankten dem Theseus, weil er sich als so tapfer erwiesen hatte. An dieser großartigen Tat konnte erkannt werden, dass jener junge Mann sich von Kindheit an immer um Tapferkeit bemüht hat.

81 Ariadne, heftig beunruhigt, irrte zunächst lange auf der Suche nach Theseus herum, dann stieg sie auf einen Berg. Denn sie hoffte, dass sie von diesem Platz aus ein besseres Blickfeld haben werde. Tatsächlich erblickte sie weit weg auf dem Meer das Schiff des Theseus. Da rief sie, von größtem Hass entflammt: „O schlechtester Mann! (Selbst) wilde Tiere besitzen größeres Mitleid. Wohin fliehst du, du Verbrecher? Kehre zu mir zurück! Mit einzigartiger Grausamkeit hast du mich auf eine Insel gesetzt, die frei ist von jeder (menschlichen) Lebensweise und Bildung. Ich habe bis jetzt keine Menschen und kein Vieh gesehen. Du täuschtest mich, als du sagtest: ‚Immer wirst du von mir geliebt werden, solange wir beide leben werden.' Bin ich etwa tot? Ich weiß nicht, ob es besser ist zu leben oder tot zu sein. Denn der übrige (Ver-)Lauf meines Lebens wird traurig sein. Weder habe ich die Gelegenheit, in die Heimat zurückzukehren noch die Fähigkeit, Athen aufzusuchen. Nachdem unsere Liebe ausgelöscht ist, fürchte ich den Tod nicht mehr. Aber was höre ich? Durch die kleinste Sache werde ich schon erschreckt. Wer weiß, ob diese Erde Löwen (er)nährt? Wer weiß, ob unzivilisierte Menschen mich töten werden? Falls ich auf dieser Insel sterben und in die Unterwelt herabsteigen werde, wird niemand mich vermissen, niemand mich beweinen. Du jedoch wirst bei deiner Rückkehr in die Heimat mit den größten Ehren aufgenommen werden. Alle werden Theseus wegen seiner großartigen Taten rühmen. Mit übergroßem Stolz wirst du vom Minotaurus und den Gefahren des Labyrinths erzählen, über mich aber wirst du nichts sagen. Weder Aigeus noch Aithra sind deine Eltern, sondern harte Felsen haben dich zur Welt gebracht. Die Nachkommen jedoch werden nach dem Ablauf großer Zeiträume eine schlechte Meinung von dir haben. Wenn du nicht willst, dass dies geschehen wird, wende das Schiff! Siehst du denn nicht, wie ich demütig bittend die Hände ausstrecke? Höre meine Bitten, du Grausamer!" Theseus hörte diese todunglücklichen Bitten nicht. Er selbst stand traurig auf seinem Schiff; nicht freiwillig, sondern auf Veranlassung des Bacchus hatte er Ariadne verlassen. Der Gott nämlich wollte die wunderschöne Ariadne heiraten.

82 Phädra war eine schöne Frau, aber sie zeigte nicht die Treue einer guten Ehefrau. Als Theseus einmal länger abwesend war, bemühte sie sich von Liebe bewegt, den jungen Hippolytos zu treffen. Auch wenn Phädra wusste, dass sie sich nicht richtig verhielt, glaubte sie am meisten den Ratschlägen einer Freundin. Diese schlechte Frau ermunterte nicht nur Phädra immer zur Liebe zu Hippolytos, sondern versuchte auch den jungen Mann zu überreden, dass dieser seinen Vater Theseus verriet und ihn möglichst schnell aus seinem Königreich vertrieb. Der Sohn Hippolytos, durch diese Ratschläge sehr erschreckt, zog sich in das Heiligtum der Göttin Diana zurück, um die Rückkehr des Vaters zu erwarten. Nun begann Phädra zu fürchten, dass der zurückkehrende Theseus ihre schändlichen Pläne bemerkte. Weil Phädra fürchtete, schwer bestraft zu werden, beschloss sie, den Tod auf sich zu nehmen. Aber weil ihre große Liebe sich in gewaltigen Hass verwandelt hatte, wollte sie dem Hippolytos schaden. Deshalb schrieb sie vor ihrem Tod einen Brief an Theseus mit ungefähr folgenden Worten: „Es grüßt dich Phädra, deine gute Ehefrau. Wenn du diesen Brief gefunden hast, werde ich schon tot sein. Erkenne durch das Lesen das Verbrechen, das dein Sohn begangen hat. Dieser Schurke hat es nicht länger ertragen, dass er ohne Macht ist. Deshalb hat dieser den

Beschluss gefasst, dich entweder zu töten oder aus dem Königreich zu vertreiben. Auch wenn ich allzu tapfer Widerstand geleistet habe, hörte er nicht auf, mich seine Ehefrau zu nennen. Als er aber erkannte, dass ich die Treue einer guten Ehefrau bewahren würde, zwang er mich, den Tod auf mich zu nehmen. Leb wohl, bester Ehemann, und behalte mich in Erinnerung! Hüte dich besonders vor deinem Sohn!" Tatsächlich fand Theseus wenig später diesen Brief in der Hand seiner toten Ehefrau. Nachdem er den Brief gelesen hatte, ist er von so großer Raserei entflammt worden, dass er den Gott Neptun bat: „Sorge dafür, dass mein gottloser Sohn bald umkommt!" Als Hippolytos hinzutrat, um seinem Vater die grausamen Pläne der Phädra aufzudecken, glaubte Theseus nicht den Worten seines Sohnes, sondern schickte ihn in die Verbannung. Schneller als Theseus geglaubt hatte, ist sein Sohn getötet worden. Als Hippolytos traurig die Heimat verließ und seinen Wagen über die Küste lenkte, erhob sich auf Veranlassung des Neptun ein gewaltiges Ungeheuer aus dem Meer. Erschreckt von dessen Anblick stürmten die Pferde dahin und schleuderten Hippolytos aus dem Wagen. Bald darauf ging er schwer verletzt zugrunde. So hat der unglückliche Theseus an einem Tag sowohl seine Ehefrau als auch seinen Sohn verloren.

83 Medea verließ heimlich das Haus ihres Vaters, damit niemand ihre Liebe bemerkte. Nachdem sie die Wachposten getäuscht hatte, kam sie nachts zum Schiff der Griechen. Dort sagte sie dem Jason: „Wenn du das Goldene Vlies besitzen willst, wirst du einen gewissen Wald aufsuchen müssen, wo ein Drache das an einem Baum befestigte Vlies bewacht. Aber du wirst wirklich eine große Gefahr auf dich nehmen: Der Drache nämlich ist ein unsterbliches Lebewesen. Aber verzweifle nicht! Ich werde dir gerne helfen." Jason antwortete fröhlich: „Wenn du mir hilfst, werde ich dich heiraten. Lass uns sofort den Wald aufsuchen. Denn in der Nacht wird es leichter sein, den Drachen zu (be)zwingen." Nachdem er diese Worte gesprochen hatte, sprang er vom hohen Schiff herab auf den Küstensand. Wenig später betraten beide zusammen den düsteren Wald. Schon von fern erblickten sie die glühenden („brennenden") Augen des Drachen. Mit geradezu unglaublicher Tapferkeit traten sie dem schrecklichen Tier entgegen. Der Drache erhob sich wutentbrannt und versuchte mit seinem gewaltigen Körper Jason und Medea in die Flucht zu schlagen. Aber Medea, die in der Zauberkunst kundig war, warf dem Drachen eine vergiftete Speise vor, die dieser unverzüglich (fr)aß. Nach kurzer Zeit gab sich das schreckliche Tier tiefem Schlaf hin. Da nahm Jason das am Baum befestigte Goldene Vlies weg. Nachdem sie beide glücklich zum Schiff zurückgekehrt waren, freuten sich die Gefährten des Jason sehr. Einige von ihnen betrachteten das Goldene Vlies immer wieder. Jason rief mit lauter Stimme: „Hört, Gefährten! Ich danke dieser schönen jungen Frau. Mit Unterstützung der Medea habe ich nämlich den Drachen bezwungen. Nach dem Raub des Vlieses ist es mir nun erlaubt, dem König Pelias nachzufolgen. Wenn die Götter es zulassen werden, dass wir in die Heimat kommen, werde ich Medea heiraten. Aber zögert nicht! Lasst uns möglichst schnell diese Bucht verlassen und über das Meer (‚über die Wellen') zur Heimat aufbrechen!" Obwohl König Aietes am folgenden Tag mit einer großen Flotte dem Jason nachfolgte, entkamen die Griechen.

84 Einmal verwandelten sich Jupiter und Merkur in sterbliche Menschen und stiegen vom Himmel auf die Erde herab. Denn unerkannt („unbekannt") wollten sie die Gastfreundschaft der Menschen prüfen. Sie hatten bereits viele Häuser aufgesucht in der Hoffnung, dass sie eine einfache Speise erhalten würden. Aber keiner der Sterblichen hörte ihre Bitten, die Tür von niemandem stand offen. Jupiter sagte wutentbrannt: „Ich fürchte, dass alle Menschen eine so hartherzige Gesinnung (‚harten Geist') haben. Aber sieh dieses kleine Haus, Merkur! Lass uns dort unser Glück versuchen!" Kaum hatte der höchste Gott mit der Hand die Tür berührt, als sie plötzlich offenstand. Der Greis Philemon kam hinaus und forderte die zwei Gäste mit angenehmer Stimme auf einzutreten. Innen begrüßte seine Ehefrau Baucis die einfach gekleideten Gäste: „Seid gegrüßt, ihr Männer! Ihr scheint mir eine lange Reise gemacht zu haben. Ich glaube, dass ihr ermüdet seid. Deshalb lasst euch nieder und ruht euch aus!" Dann ging sie zum Herd, um eine Mahlzeit zu bereiten. Während die Frau mit ihrem Atem die Flammen anfachte („großzog"), holte ihr Ehemann aus dem kleinen Garten Früchte. Wenig später sagte Philemon lachend: „Wir werden unseren Gästen heute die besten Speisen geben, liebe Ehefrau!" Die Götter freuten sich: Sie erkannten nämlich, dass Philemon und Baucis alles, was sie besaßen, gerne mit ihren Gästen teilten, wenn sie auch nicht reich waren. Nach dem Essen gab Philemon den Gästen einen Wein, den er selbst bereitet hatte. Die Götter waren mit dem einfachen Gastmahl zufrieden; vor allem aber freuten sie sich über die freundlichen Gesichter der beiden. Diese jedoch wussten nicht, dass sie Göttern eine Mahlzeit bereitet hatten. Aber sie wunderten sich, weil das Gefäß immer wieder voll mit Wein war, obwohl sie schon viel getrunken hatten. Plötzlich nahmen sie wahr, dass Götter diese wunderbare Sache bewirkt hatten. Sofort baten sie demütig die Götter mit zum Himmel erhobenen Händen: „Verzeiht uns, ihr unsterblichen Götter, dass wir euch eine so einfache Speise gegeben haben." Nach diesen Worten lief Philemon in den Stall, um eine Gans zu fangen, zu töten und für das Essen vorzubereiten. Aber der alte Mann konnte die schnelle Gans nicht fangen; der Vogel war nämlich zu den Göttern geflüchtet. Jupiter sagte lachend: „Diejenigen, die demütig bittend zu den Göttern kommen, werden niemals vergeblich bitten. Wir sind tatsächlich Götter. Wir sind zur Erde herabgestiegen, um die Vortrefflichkeit der Menschen kennenzulernen. Aber außer euch haben alle Menschen eine hartherzige Gesinnung (‚harten Geist'). Wenn diese eure Frömmigkeit nachgeahmt hätten, wären sie keiner Strafe würdig. Wir werden euch schützen, aber es gehört sich, diese da schwer zu bestrafen. Verlasst schnell dieses Haus, damit ihr gerettet werdet!" Bald darauf befanden sich Philemon und Baucis auf einem höheren Berg und sahen von diesem Ort aus, wie die ganze Gegend rings um sie unter Wasser verschwand („verborgen war"). Außerdem sahen sie, dass ihr kleines Haus in einen goldenen Tempel verwandelt wurde.

85 Es ist bekannt, dass die Göttin Venus aus Meeresschaum geboren wurde. Die meisten glauben, dass sich diese wunderbare Angelegenheit bei der Insel Zypern ereignet hat. Viele Jahrhunderte hindurch nämlich verehrten die Einwohner dieser Insel vor allem die Göttin Venus. Auf dieser Insel lebte einst ein gewisser Künstler, der Pygmalion genannt wurde. Er lebte ohne Gattin, weil die Frauen ihm sehr viele schlechte Eigenschaften zu haben schienen: Die eine zeigte keine Treue, wie er meinte, die Habgier einer anderen wollte er nicht ertragen, wieder eine andere schien ihm nicht schön genug. Einmal hatte Pygmalion das Standbild einer jungen Frau geschaffen („hergestellt"), das schöner war als alle lebendigen Frauen. Alle Menschen, die dieses Standbild sahen, glaubten, dass es eine lebende junge Frau sei. So sehr war die Kunst durch die Kunst verborgen. Der Künstler selbst war von so großer Liebe zur Statue entflammt, dass er diese nicht nur öfter berührte, sondern auch mit ihr sprach. Er gab ihr auch Küsse, brachte jener Geschenke, wie sie Mädchen willkommen sind, und schmückte deren schönen Körper mit einem bunten Kleid. Am Abend legte er die Statue in sein Bett, als ob jene schlafen könnte. Am folgenden Tag war zufällig der Festtag für Venus, an dem alle Einwohner der Insel zusammenkamen, um die Göttin zu verehren. Auch Pygmalion brach beim ersten Tageslicht zum Heiligtum der Venus auf. Dort stellte er sich beim Altar auf und bat, wobei er die Hände zum (Ab-)Bild der Göttin streckte: „Wenn du alles geben kannst, du Göttliche, wünsche ich eine Gattin zu haben, die dem Standbild vollkommen ähnlich ist. Vergiss nicht deinen frommen Diener, Göttin! Oft nämlich habe ich schon deine Hilfe erfahren." Nachdem er diese Bitten geäußert hatte, kehrte er mit großer Schnelligkeit nach Hause zurück. Kaum hatte er der Statue Küsse gegeben und deren Körper mit den Händen berührt, als jene plötzlich die Augen zu rollen und die Glieder zu bewegen begann. Zuerst wich Pygmalion verwirrt durch diese sonderbare Sache zurück, dann ging er an sie heran und fragte: „Kannst du etwa auch die menschliche Sprache benützen?" Wenig später erfuhr er, dass sie auch sprechen konnte. Darauf fragte der Künstler sie wiederum: „Kannst du laufen und mir folgen? Gebrauche deine Füße, bitte!" Tatsächlich folgte jene seinen Spuren. Nun kam sich Pygmalion als der glücklichste Mann der ganzen Welt vor („er erschien sich"). Aber er erfuhr noch größeres Glück. Venus erlaubte ihm nämlich, dass er die durch seine Kunst geschaffene Frau heiratete. Nach kurzer Zeit wurde seine Tochter Paphos geboren.

86 Juno zürnte dem Jupiter heftig. Mit folgenden Worten beklagte sie die Schandtat ihres Ehemannes bei sich: „Wiederum bin ich von meinem Gatten getäuscht worden. Wiederum hat Jupiter sich eine andere Frau gewählt, aus Furcht, dass eine günstige Gelegenheit ausgelassen würde. Wäre es mir doch erlaubt, ihn selbst zu bestrafen! Aber niemand darf den höchsten Gott bestrafen. Dennoch weiß ich, auf welche Weise ich ihn verletzen werde: Ich werde den kleinen Jungen zugrunde richten, den Alkmene meinem schlimmen Ehemann geboren hat. Deshalb werde ich zwei Schlangen schicken, die den Buben töten werden, wenn er im Schlafzimmer liegt." Als der Bub Herkules schlief, waren plötzlich die von Juno geschickten Schlangen da. Weder die Wächter noch die Dienerinnen hatten die schrecklichen Tiere bemerkt. Nicht einmal die Mutter hatte die zischenden Schlangen gehört, obwohl sie in der Nähe saß. Sie kamen näher und näher heran und ringelten sich die Wiege empor („stiegen hinauf"). Als sie den schlafenden Jungen sahen, erhoben sie ihre Köpfe und bewegten die Zungen ganz geschwind hin und her. Dann begannen sie, mit ihren langen Körpern den Hals des armen Jungen zu umgeben. Der kleine Bub befand sich ohne Kenntnis der Mutter in höchster Gefahr. Aber der aus dem Schlaf geweckte Herkules schrie nicht nur mit lauter Stimme, sondern ergriff auch mit seinen kleinen Händen die wilden Tiere. Dann drückte er deren Hälse mit so großer Kraft, dass die Schlangen sofort starben. Die Sklavinnen, die durch das Geschrei des Jungen geweckt worden waren, betraten das Schlafzimmer, die erschrockene Mutter stürzte zur Wiege und der König persönlich folgte den schnell eintretenden Wächtern. In der Meinung, dass Feinde eingedrungen seien, hielt er kampfbereit in der rechten Hand sein Schwert. Dann betrachteten alle den sonderbaren Anblick: Der kleine Junge lachte und blickte die ihn umgebenden Menschen fröhlich an, die Schlangen lagen tot auf der Erde. Der König wurde durch die gewaltige Kraft des kleinen Herkules durcheinandergebracht. Deshalb rief er einen weisen alten Mann herbei, um mit dessen Hilfe die Zukunft des Jungen zu erfahren. Der alte Mann behauptete, dass Herkules als junger Mann aus dem Elternhaus gehen werde, viele schreckliche Tiere töten werde und nach seinem Tod ein ewiges Leben im Kreis („in der Zahl") der Götter führen werde. Es ist bekannt, dass sich all dies auf dieselbe Weise ereignet hat, wie es der weise alte Mann gesagt hatte.

87 Einmal versammelte Herkules als junger Mann seine Gefährten. Er sagte ungefähr Folgendes: „Hört, meine Freunde! Lange lebte ich bei euch, viel Zeit verwandte ich auf harte Arbeiten. Nun aber ist es Zeit nachzudenken, wie ich in der Zukunft leben will. Auch wenn es nicht leicht für mich ist, ich muss euch verlassen. Lebt wohl!" Nachdem er von seinen Freunden weggegangen war, machte er eine Reise von vielen Tagen. Von der Reise ermüdet ließ er sich auf einem Felsen nieder und überdachte die Zukunft. Plötzlich sah er zwei Frauen herankommen. Die eine war mit einem einfachen Kleid angezogen, die andere trug ein buntes Kleid und viele goldene Schmuckstücke am Hals und schritt mit großem Stolz einher („rückte heran"). Diese grüßte den Herkules nicht, sondern begann sofort zu sprechen: „Ich fühle, Herkules, dass du nicht weißt, welche Lebensweise du verfolgen sollst. Wenn du mich zur Gefährtin und Anführerin wählst, werde ich dir das angenehmste und schönste Leben bieten (‚geben'). Du wirst nicht mehr von Sorgen bedrängt werden, nichts Schlimmes wird dir passieren, alles Unglück wird weichen. Glaub mir: Sowohl von Not als auch von Arbeit wirst du frei sein, im Gegenteil wirst du immer in Vergnügungen leben. Du wirst gut essen, viel trinken, immer in einem weichen Bett schlafen. Du wirst leicht und ohne Mühe Überfluss erreichen." Nach Beendigung der Rede fragte der junge Mann diese, welchen Namen sie hätte. Jene antwortete mit ziemlich überheblicher Stimme: „Diejenigen, die mich lieben, nennen mich ‚Vergnügen'. Aber meine Gegner nennen mich ‚Laster' (‚schlechte Eigenschaft')". Da begann die andere Frau mit freundlicher Stimme: „Ich kenne deine vornehme Herkunft genau, Herkules. Deshalb hoffe ich, dass du mir folgen wirst. Ich werde dir weder falsches Vergnügen noch Überfluss versprechen. Die Menschen müssen nämlich wissen, dass ihnen von den Göttern nichts Gutes ohne große Mühe gegeben wird. Diejenigen, die von den Göttern geliebt werden wollen, werden Ruhm durch Frömmigkeit und Arbeit erreichen. Diejenigen, die wahre Freunde haben wollen, müssen ihren Freunden nützlich sein. Diejenigen, die sich irgendeine Ehre wünschen, müssen sich politisch betätigen. Diejenigen, die einen starken Körper haben wollen, müssen den Körper durch Üben kräftigen. Wenn du übrigens meinen Namen hören willst, ich werde ‚Tugend' (‚Tüchtigkeit') genannt." Dann fügte sie folgende Worte hinzu: „Siehst du dort den engen und schwierigen Weg? Wenn du mich als Anführerin wählst, wirst du auf diesem Weg hinaufsteigen." Die andere Frau lachte mit lauter Stimme: „Welchen Beschluss wirst du also fassen, Herkules? Wenn du diesen langen und rauen Weg mit meinem kurzen und angenehmen Weg sorgfältig vergleichst, wird es nicht schwierig für dich sein zu entscheiden. Ich glaube nämlich, dass du so viel Begabung hast.“ Darauf sagte die Tugend: „Gestehe, Vergnügen, dass du von den Göttern vertrieben worden bist und von ehrenhaften Menschen nicht beachtet wirst: Niemals nämlich hast du den Menschen eine Wohltat erwiesen (‚gegeben‘). Ich aber stehe (‚bin‘) bei den Unsterblichen und bei den Menschen in Ehre: Ohne mich nämlich gibt es keine Freundschaft. Wenn du beschließt, mir zu folgen, Herkules, wirst du sicherlich Anstrengungen und Lasten auf dich nehmen müssen, zuletzt aber wird dich wahre Freude erwarten.“ Wenig später waren beide Frauen weggegangen. Herkules beschloss unverzüglich, sein Leben unter Führung der Tugend zu verbringen.

88 Thetis, die göttliche Mutter des Achill, kannte das zukünftige Schicksal ihres Sohnes genau. Sie wusste, dass jener am Trojanischen Krieg teilnehmen und nicht lebend zurückkehren werde. Um ihren Sohn vom Kämpfen fernzuhalten, schickte die Mutter ihren Sohn heimlich zu König Lykomedes, damit er sich auf dessen Insel versteckte („verborgen war“). Zu Recht nämlich glaubte Thetis, dass die griechischen Gefährten den Achill, einen überaus tapferen Soldaten, suchen würden. Tatsächlich gehorchte Achill den Worten der Mutter und zog sich in das Königreich des Lykomedes zurück. Als er dorthin gekommen war, legte er sofort ein Frauenkleid an, damit niemand ihn erkennen konnte. Er erhielt auch einen neuen Namen: Er wurde Pyrrha genannt. Lange wohnte Achill in dem Teil des Hauses, welches nur die Frauen betraten. Dort führte er als einziger Mann unter so vielen Frauen das angenehmste Leben. Die Tochter des Königs war von so großer Liebe zu Achill entflammt, dass sie ihm einen kleinen Sohn zur Welt brachte. Aber dieses Glück war nicht dauerhaft. Die Griechen gaben dem Odysseus den Auftrag, den tapferen Achill zu finden und herbeizuholen, weil sie wussten, dass sie ohne Hilfe des Achill die harten Trojaner niemals besiegen würden. Dieser überaus listige („in List erfahrene“) Mann kam einmal auf die Insel des Lykomedes. In der Meinung, dass Achill dort verborgen sei, sprach Odysseus mit größter Redegewandtheit: „Wenn du zufällig anwesend bist, Achill, höre meine Worte! Ich stelle dir größten Ruhm in Aussicht: Wenn du mit uns die Trojaner besiegst, wird dein Name unsterblich sein. Wenn du aber an dem großartigen Krieg nicht teilnimmst, wirst du als unbekannter, im Dunkel bleibender (‚dunkler‘) Mensch dein trauriges Leben beenden. Ich verspreche keine leeren Dinge. Deshalb komm mit mir!“ Achill, mit einem Frauenkleid angezogen, wurde durch diese Worte bewegt, aber er verriet sich weder durch den Gesichtsausdruck noch durch eine Äußerung. Als Odysseus merkte, dass er die Rede vergeblich gehalten hatte, bereitete er eine List vor. Er befahl, dass in dem Teil des Hauses, in dem die Frauen wohnten, Waffen unter schönen Kleidern verborgen wurden. Während die Frauen die Kleider bewunderten, gab Odysseus außerhalb des Hauses mit einem Horn das Zeichen zum Kampf. Kaum hatte Achill das bekannte Horn gehört, als er die unter den Kleidern verborgenen Waffen ergriff und kampfbereit das Haus verließ. Sofort ist Achill von allen Griechen erkannt worden, obwohl er ein Frauenkleid trug. Da wurde Achill von so großer Scham erfasst, dass er nicht zögerte, von sich aus am Trojanischen Krieg teilzunehmen.

Liebe Schülerin, lieber Schüler,

weißt du, was eine Sisyphusarbeit ist? Oder was man unter Tantalusqualen versteht? Oder was es bedeutet, wenn jemand wie mit Argusaugen schaut? All das sind Wendungen, die unsere Sprache aus der Welt der griechischen Sagen übernommen hat – eine geheimnisvolle, spannende, auch bisweilen unheimliche Welt, die die Menschen aller Zeiten fasziniert und bis heute zu eigenen Werken inspiriert hat: Es gibt viele Opern, Theaterstücke und Filme, die den griechischen Mythos wiederaufleben lassen.

Lass auch du dich in diese abwechslungsreiche und fesselnde Welt entführen und erlebe mit den Helden zusammen die Kämpfe gegen sagenumwobene Ungeheuer, erfahre von den oft blutigen Streitigkeiten der Götter untereinander oder mit Menschen, von großen Katastrophen, aber auch von rührenden und tragischen Liebesgeschichten.

Abgesehen von diesem Vergnügen lernst du zugleich einen der bedeutendsten Bildungsschätze Europas kennen. Dazu tragen auch die zahlreichen Abbildungen bei, die dir zeigen, wie sehr die Welt der griechischen Sagen berühmte Künstler vieler Jahrhunderte zu prächtigen Kunstwerken angeregt hat.

Dieses Büchlein besteht aus 25 Kapiteln, die in Wortschatz und Grammatik genau der Reihenfolge deines Lateinbuchs **Latein mit Felix 3** folgen. Wenn du die erste Geschichte liest, sind in ihr also der Wortschatz und die Grammatik der Lektion 64 vorausgesetzt – und so weiter. Jede weitere Fortsetzung übt den Wortschatz und Grammatikstoff der entsprechenden Lehrbuchlektion ein, sodass du eine gute und vor allem unterhaltsame Zusatzmöglichkeit zum Üben hast. Zur Überprüfung deines Könnens ist dem Bändchen eine herausnehmbare deutsche Übersetzung beigegeben. Diese solltest du aber erst dann benutzen, wenn du das entsprechende Kapitel tatsächlich gelesen hast.

Vielleicht noch ein Wort zu den Verwendungsmöglichkeiten dieses Bändchens: Du kannst es in den sogenannten „Intensivierungsstunden" in der Klasse lesen, es als unterrichtsbegleitende Übungsmöglichkeit zu Hause nutzen oder es nach der 7. Klasse in den Sommerferien in einem Zug zur Wiederholung des gesamten Lateinstoffes durchlesen. So startest du topfit in die 8. Klasse.

Viel Spaß beim Lesen und Lernen!

Inhalt

64 Deukalion und Pyrrha

Schon lange hatte sich Jupiter über die Grausamkeit und Gewalttätigkeit der Menschen geärgert. In seinem ersten Zorn wollte er das Menschengeschlecht mit seinen Blitzen vernichten, fürchtete aber, dass dabei der Himmel in Brand geraten könnte. Deshalb fasste er einen anderen Plan ...

Iuppiter ira incensus clamavit: „Accedite, venti nubesque, et demittite ingentem copiam aquarum in terras! Ades et tu, Neptune frater! Iube flumina supra ripas fundi! Comple omnes campos aqua! Nam homines mores malos habent: Rationem ac humanitatem scientes tamen rapiunt, torquent, occidunt. Verba severa mea adhuc nihil effecerunt. Homines a me instituti iustitiam legesque iterum atque iterum laedunt; itaque eos nunc poena afficiam."

Vix deus finem orationis fecerat, cum imbres[1] incredibiles e nubibus in terram ceciderunt. Etiam a Neptuno imperia Iovis perfecta sunt: Cuius iussu flumina aquam in campos fuderunt. Paulo post mare vastum cunctas terras texerat. Ingentes fluctus aquae agros, pecora, homines, tecta, templa, aras delebant. Altae turres sub aqua erant, delphini[2] per silvas atras natabant[3].

Pauci homines, qui nondum in fluctibus perierant, summos montes petebant. At frustra id fecerunt: Vasto mari circumdati aquas crescere viderunt.

Tatsächlich kamen alle Menschen bis auf den frommen Deukalion und seine Frau Pyrrha um. Deukalions Vater Prometheus hatte nämlich beide vor der Rache Jupiters gewarnt und ihnen ein Schiff gebaut.

Iuppiter cum ex alto caelo Deucalionem eiusque uxorem in parva nave sedentes aspiceret, misericordia adductus demum diluvium[4] composuit. Nam sciebat eos sine culpa esse. Deucalion vultu tristi dixit: „Nunc soli in toto orbe terrarum sumus, Pyrrha. Quid sine comitibus faciemus?" Ambo flentes templum Themidis paene deletum accesserunt. Ibi supplices deam orabant: „Ades nobis, quaeso! Potesne homines exstinctos restituere?"

---

[1] imber, imbris *m* *Regen, Regenguss* – [2] delphīnus *Delfin* – [3] natāre *schwimmen* – [4] dīluvium *Überschwemmung*

Peter Paul Rubens: Deukalion und Pyrrha. 1636. Madrid, Museo del Prado.

Dea pietate eorum inducta respondit: „Iactate membra matris in terram!“ Ii verba mira deae primo non comprehenderunt; tum autem Deucalion sensum verborum intellegens uxori explicavit: „Mater nostra terra est. Quorum membra, id est[5] saxa, iactare debemus.“ Et profecto saxa a Deucalione et Pyrrha iactata in homines conversa sunt.

Die Steine, die Deucalion geworfen hatte, nahmen männliche, die von Pyrrha geworfenen weibliche Gestalt an. Das ist der Sage nach der Ursprung eines harten und kraftvollen Menschengeschlechts, das zu schwerer Arbeit und Anstrengung fähig war.

---

[5] id est *das heißt*

65 Io und Argus

Wieder einmal hatte sich der Göttervater in eine hübsche junge Menschenfrau verliebt. Um die Affäre mit Io vor seiner Ehefrau Juno zu verheimlichen, hatte Jupiter die Erde in Nebel gehüllt. Juno, der dies seltsam vorkam, zauberte den Nebel weg – und was sah sie? Ihren Mann und eine weiße Kuh – Jupiter hatte seine Geliebte gerade noch rechtzeitig in ein Tier verwandelt.

Tamen Iuno dolum Iovis statim perspexit. Sed cavebat, ne Iuppiter id cognosceret. Itaque eum interrogavit: „Quis hanc bovem pulchram possidet? Unde bos tam pulchra venit?" Tum Iuppiter aliquam fabulam finxit: „Hanc bovem in ea regione inveni. Estne pulchra?" Iuno: „Certe est, marite. Itaque te oro, ut mihi hoc animal pulchrum dones." Iuppiter, ne suspicionem uxoris moveret, ei bovem tradidit.

Iuno bovem statim ad custodem, cui nomen Argus erat, duxit. Is erat custos optimus, cum centum oculos haberet. Iuno: „Opto, Arge, ut hanc bovem tecum abducas. Cave, ne illa fugere possit! Cave, ne quis eam rapiat! Cave, ne maritus meus illam liberet."

Diu Io in potestate Argi erat. Singulis diebus imaginem suam in aqua pura spectabat, semper imagine perterrebatur: Tristis oculos avertit, quia bos esse noluit.

Cum iam de salute desperavisset, forte quondam patrem aspexit et statim ad eum cucurrit. Is filiam in bovem mutatam non cognovit, sed animal pulchrum manu tetigit. Quamquam Io aliquid dicere temptavit, vox barbara tantum audita est. Cum sentiret patrem verba sua non intellegere, litteras[1] pede in arena scripsit – statim pater fortunam tristem filiae perspexit. Sed iam Argus custos adfuit et Ionem rapuit.

Cum Iuppiter has res adversas animadverteret, Mercurium arcessivit eique haec mandavit: „Stude, ut captivam infelicem e manibus Argi liberes!"

Paulo post Mercurius Argum convenit. Longam fabulam narrans effecit, ut is somno opprimeretur. Tum nuntius deorum Argum gladio occidit.

---

[1] littera *hier: Buchstabe*

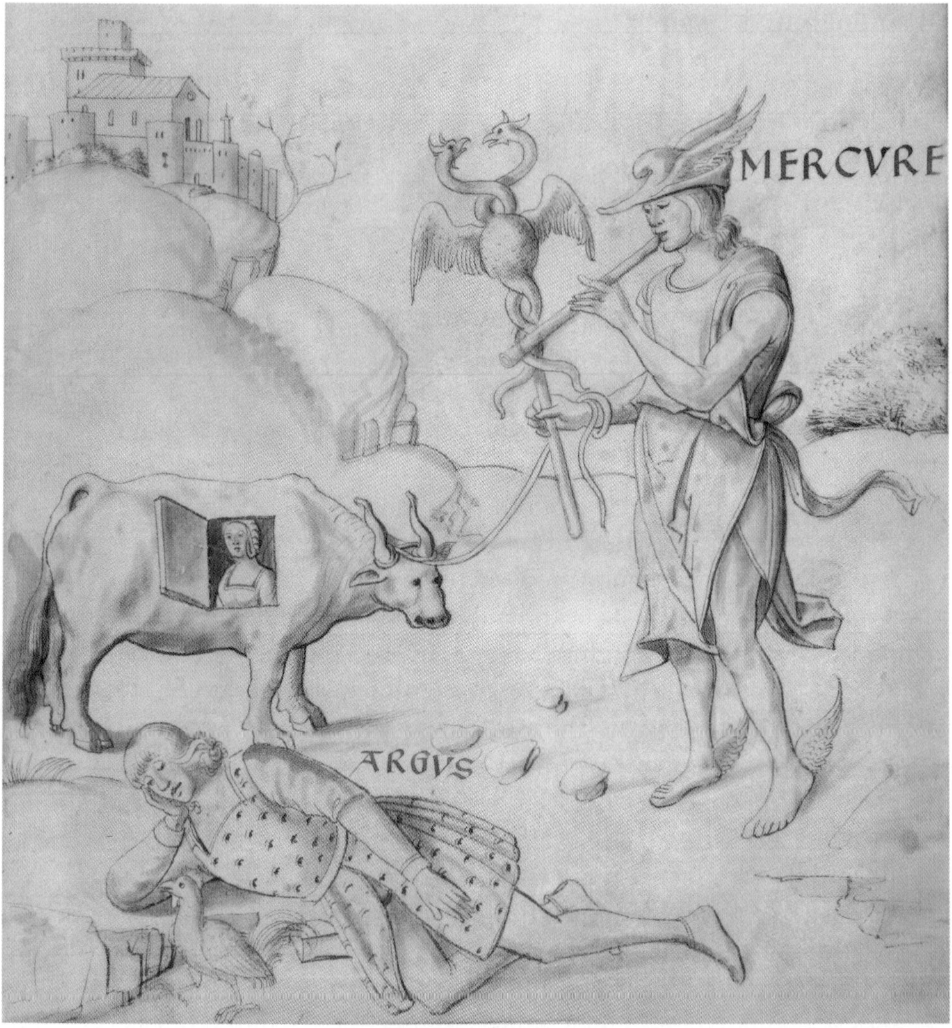

Io, Merkur und Argus, Französische Buchmalerei. 16. Jh.
Paris, Bibliothèque de l'Arsenal.

Sed finis laborum nondum adfuit. Iuno enim bovem miseram per totum orbem terrarum agitavit, dum ea ad ripam Nili fatigata cecidit. Voce paene fracta haec dixit: „Dei boni, date finem dolorum! Oro vos, ut mihi detis eam formam[1], quae quondam mihi fuit!" Hac voce misera etiam Iuno dura ad misericordiam commota est. Et ecce: Bos infelix statim in puellam conversa est.

[1] fōrma *Gestalt, Form*

66 Apollo und Daphne

Einmal geriet der kleine Liebesgott Amor mit dem mächtigen Apollo in Streit darüber, wer der Mächtigere von beiden sei ...

Apollo: „Cur hunc arcum[1] umeris geris, Amor? Haec arma mihi, deo potenti, idonea sunt, non tibi. Nonne tibi notum est, quanta vi serpentem interfecerim? Nonne scis, quot hostes telis meis superaverim? Proinde depone superbiam! Concede gloriam mihi! Ego enim dux potens sum, non tu, puer!"

Amor parvus primo tacuit, tum respondit: „Quamquam iam multos telis tuis superavisti, mea tela te mox superabunt!" Dum Apollo ridere incipit, Amor ad summum montem volavit et ex eo loco duo tela misit: Alio telo Apollo deus ingenti desiderio[2] amoris affectus est, alio telo effectum est, ut Daphne nullius viri amore moveretur.

Quamvis pater ab ea saepe postulavisset, ut nepotes sibi donaret, illa semper dixit: „Sine me modum vitae deligere, pater! Concede mihi exemplo Dianae deae vitam liberam agere. Nulli viro nubere volo. Nam scis, quam felicem vitam sponte mea adhuc egerim!"

Quondam Apollo deus Daphnem aspexit statimque gravi amore incensus est. Ad eam accedens dulci voce dixit: „Mane, puella pulchra, et audi verba mea! Cur me fugis? Reprehendere te debeo, cum iterum atque iterum fugias. Nonne sentis, quanto amore affectus sim?"

Sed frustra Apollo puellam duram oravit. Daphne deum effugere perrexit. Quantopere[3] illa optavit, ut in aliquo loco latere posset! At Apollo a precibus non destitit: „Audi, puella, ut scias, quem fugis! Neque servus neque vir rusticus sum. Pater meus Iuppiter ipse, summus deus, est. Ego res futuras non ignoro, ego hominibus artes et carmina dedi. Quis tanta vi tela mittere potest quanta ego? Nonne scis, quotiens hominibus auxilio venerim? Nonne tibi notum est, quotiens ii mihi gratias egerint? At mihi ipsi adesse non possum: Acerbo amore vexor. Itaque mane, quaeso!"

Sed deo non contigit virginem comprehendere et retinere, quamquam saepe temptavit.

Paulo post autem Daphne fatigata currere non iam potuit. Manus ad caelum tetendit dicens: „Adeste, dei, et me in lauream[4] convertite, ne ab Apolline capiar!" Et ecce! Puella subito sensit manus suas in ramos[5], pedes in radices[6] mutari.

---

[1] arcus, arcūs *Bogen* – [2] dēsīderium *Sehnsucht, Verlangen* – [3] quantopere *wie sehr?* – [4] laurea *Lorbeerbaum* – [5] rāmus *Ast, Zweig* – [6] rādīx, -īcis *f Wurzel*

Gian Lorenzo Bernini: Apollo und Daphne. 17. Jh. Rom, Galleria Borghese.

Apollo non iam puellam, sed arborem pulchram tetigit. Tristi voce deus potens dixit: „Haud mihi contigit te uxorem ducere. Tamen te non deseram: Opto, ut caput meum semper laurea[1] ornetur."

---

[1] laurea *Lorbeerbaum*

67 Phaëthon

In seiner Heimat ging das Gerücht um, der Jüngling Phaëthon sei ein Sohn des Sonnengottes Helios. Da seine Mutter aber eine Menschenfrau war, glaubten andere ihm die göttliche Abkunft nicht, was den jungen Mann sehr kränkte. Um Klarheit und Beweise für seine hohe Abstammung zu schaffen, macht Phaëthon sich auf den Weg zum Palast des Sonnengottes ...

Iuvenis cum altum tectum Solis intravisset, primo non credidit, quod vidit: Lecti, mensae, tabulae ex auro fictae erant. Sol divus in solio[1] aureo sedebat.

Magna voce ex adulescente quaesivit: „Quae causa te huc adduxit, fili? Quid in tecto patris petis, Phaethon?“ Is respondit: „O pater, o lux clara orbis terrarum, inopia coactus ad te venio.“ – „Dic, quid velis!“ – „Semper homines improbi haec de me narrant: ‚Estne iste iuvenis filius dei an id falso dicit?‘ Da mihi, quaeso, signum, quo istis dignitatem meam ostendere possum.“

Tum Sol surrexit filiumque manibus tetigit: „Semper cunctis hominibus dicam te filium meum esse. Sed ne ipse hoc dubites, opta tibi, quod vis!“

Vix pater finem orationis fecerat, cum filius dixit: „Permitte mihi, pater, quadrigas[2] aureas tuas et equos alis ornatos regere!“ Sol his verbis perturbatus respondit: „O infelix iuvenis, nonne scis quam difficile sit hunc currum[3] aureum et equos regere? Num laborem tam gravem desideras? Utrum cum ratione nunc agis an mentem amisisti? Ne Iuppiter quidem, qui cunctis deis imperat, hoc officium praestare potest. Ego solus currum aureum per vias caeli regere possum. O Phaethon, crede mihi: Ego ipse ingenti timore afficior, cum in curru stans ex alto caelo mare terrasque aspicio. Quo modo equos fortes retinere vis? Vix mihi ista animalia fera parent!“

Phaethon autem consilium non dimisit. Sol vultu aspero dixit: „Haud honorem, sed perniciem tibi optas. Quare depone istud consilium stultum! Utrum vivere an de vita decedere vis? Qui furor[4] te agitat? Si mihi parueris, dabo tibi omnia, quae desiderabis.“

Sed adulescens verbis patris parere noluit. Tum pater intellexit se animum filii flectere non posse. Itaque eum ad currum[3] aureum duxit et his verbis monuit: „Moneo te, ne viam mediam deseras. Neque caelum neque terra aestum solis tolerare[5] possunt. Ideo tene medium cursum!“

---

[1] solium *Thron* – [2] quadrīgae, -ārum *f Pl. Viergespann* – [3] currus, -ūs *m Wagen* – [4] furor, -ōris *m Wahnsinn* – [5] tolerāre *ertragen, aushalten*

Sed iam Phaethon currum[1] ascenderat equosque properare iusserat. Statim equi acres cursu celeri per aerem volaverunt. Primo iuvenis laetus gaudebat, tunc autem ingenti metu affectus est. Quia frena[2] omnino tenere non iam potuit, equi medium cursum reliquerunt et modo huc, modo illuc cucurrerunt. Tum aestu solis omnia ardebant, undique flammae orbem terrarum delebant. Tunc etiam Phaethon a flammis correptus est et de alto caelo in terram cecidit. Sol pater tristi vultu mortem filii aspexit.

Sebastiano Ricci: Der Sturz des Phaëthon. 1704. Belluno, Museo Civico.

---

[1] currus, -ūs *m Wagen* – [2] frēnum *Zügel*

68 Zeus und Europa

Europa filia Agenoris regis erat. Cuncti homines virginem pulchram diligebant. Semper cum turba amicarum ad mare convenit. Ibi amicae longe lateque in litore erraverunt, se aqua sparserunt, carmina cecinerunt.

Cum Iuppiter ex alto caelo Europam pulchram inter comites suas ludentem videret, amore vehementer commotus est. Statuit virginem rapere.

Ergo celeriter Mercurium arcessivit eique dixit: „Descende de caelo et pete regnum Agenoris! Ibi in montibus videbis pecora, quae ad litus

Paolo Veronese: Der Raub der Europa. 16. Jh.
Venedig, Dogenpalast, Sala Anticollegio.

agitabis." Quamquam nuntius deorum causam huius imperii non perspexit, pie officium praestitit. Summus deus interea se in taurum praeclarum convertit. Mercurius non animadvertit hunc taurum[1] paulo post media inter ea pecora esse, quae ad litus ducebat. Iuppiter in taurum mutatus Europam amicis circumventum conspexit.

Quia virginem cupide appetebat, ad eam accessit. Primo puella pulchra paulum timebat, tum autem animal manu dextra tangebat: „Numquam taurum[1] tam pulchrum vidi!" Iam pleraeque comites aderant taurumque tangebant. Una ex amicis dixit: „Ecce, Europa! Magnus taurus suppliciter in terra iacet. Puto taurum te portare velle. Ne cessaveris! Ascende eum!"

Europa non cessavit, iam in tauro[1] sedebat. Amicae gaudebant et ridebant, cum subito taurus surrexit et currere coepit. Paulo post tam celeriter cucurrit, ut comites Europae adesse non possent. Amicae vehementer perturbatae steterunt vocemque Europae miserae audiverunt. Viderunt taurum procul mare inire et – medias per undas natare[2].

Taurus[1] animum virginis perterritae his verbis confirmare temptavit: „Ne timueris, Europa! Exspecta fortiter futura! Nam felix fortuna te exspectat." Tandem insulam accesserunt. Postquam taurus Europam ibi deposuit, discessit.

Europa a tauro[1] deserta huc atque illuc spectabat. Subito vir veste dei indutus ante eam stetit familiariter dicens: „Ne metueris, virgo pulchra! Sum rex huius insulae, quam incolae Cretam nominant. Servabo te, si mihi nubere vis." Statim Europa cognovit hanc vocem tauri esse. Gaudebat felixque erat.

Sed postero die[3] a marito novo relicta erat. Sola in litore stabat acerbeque flebat. Subito vocem audivit. Venus dea cum Amore deo aderat dicens: „Ne nimis tristis fueris, Europa! Ne lacrimas fuderis! Iuppiter, pater deorum, ipse te uxorem suam fecit. Immortalis eris, nam tu huic parti orbis terrarum nomen dabis."

---

[1] taurus *Stier* – [2] natāre *schwimmen* – [3] posterō diē *am folgenden Tag*

69 Aktäon

König Agenor sandte seinen Sohn Kadmos aus, um seine Tochter Europa zu suchen – doch erfolglos: Jupiter hatte alle Spuren verwischt. Apollo riet Kadmos nun, eine neue Stadt zu gründen. Nachdem dieser einen Drachen erschlagen und auf Geheiß der Göttin Minerva die Zähne des Drachen ausgesät hatte, wuchsen aus den Furchen bewaffnete Krieger, die sich sogleich bekämpften. Fünf blieben übrig. Mit ihnen gründete Kadmos die Stadt Theben und regierte sie mit großer Weisheit. Kurz vor seinem Lebensende aber musste er noch das traurige Schicksal seines Enkels Aktäon miterleben.

Actaeon adulescens libenter cum comitibus in silvis animalia fera interficiebat. Quondam Actaeon dixit: „Venationi[1] praeclarae interfuistis, amici! Videte, quantam praedam fecerimus! Quis vestrum non fatigatus est? Qua de causa nobis nunc quiescere licet. Cras[2] certe plurima animalia capietis, si vos hodie otio recreaveritis."

Unus e comitibus verba ducis laudavit: „Hoc sapienter dictum est. Profecto puto nos cras[2] complura animalia capturos esse. Ego nunc locum idoneum quaeram somnum petiturus." Actaeon respondens se idem facturum esse in silvam atram abiit. Nondum sciebat id initium perniciei suae fore.

Perveniebat in regionem Dianae deae sacram. Ibi altae arbores parvum sacrum circumdabant. Quem locum pulchrum Diana saepe cum Nymphis adibat. Etiam tunc illa aderat: Iam arma sua et vestem deposuerat in aqua fontis se recreatura. Nymphae laetae aqua se sparserunt comamque[3] deae diligenter composuerunt, cum subito Actaeon accessit.

Nymphae vehementer perterritae clamaverunt et corporibus suis deam nudam[4] tegere temptaverunt. Actaeon ut statua stetit, nil dixit, tantum deam spectavit. O infelicem iuvenem! Cur non fugis?

Sed iam Diana caput Actaeonis aqua sparsit. Acriter et severe dixit: „Adulescens stulte, haud tibi licet Dianam deam sine veste videre. Puto te id, quod vidisti, comitibus tuis narraturum esse! Cavebo autem, ne hoc flagitium[5] facias!" His verbis virum miserum in cervum[6] convertit.

---

[1] vēnātiō, -ōnis *f Jagd* – [2] crās *Adv. morgen* – [3] coma *Haar* – [4] nūdus, a, um *nackt* – [5] flāgitium *Gemeinheit, Schandtat* – [6] cervus *Hirsch*

Giuseppe Cesari: Diana und Aktäon. 17. Jh. Paris, Musée du Louvre.

Is autem magno metu motus in silvam fugit. Cum in aqua fontis imaginem suam videret, perterritus aliquid dicere temptavit, sed voces barbarae tantum auditae sunt. Secum cogitavit: „Utrum hic manebo aut domum redibo? Sed quomodo vitam in silvis agere possum?"

Dum haec animo volvit, canes cervum[1] per silvam errantem aspexerunt. Actaeon miser clamavit: „Ne me laeseritis! Nonne me cognoscitis? Ego sum dominus vester!" Sed canes dominum suum non cognoverunt. Sine ulla mora animal miserum crudeliter perdiderunt.

---

[1] cervus *Hirsch*

70 Pyramus und Thisbe

Pyramus, iuvenis fortis, et Thisbe, virgo pulchra, in domibus contiguis[1] habitabant. Uterque gravi amore alterius incensus erat. Parentes autem nuptias non permittebant. Quibus iussu patrum severorum ne convenire quidem licebat.

John William Waterhouse: Thisbe. 1909. London, Sotheby's.

At amantes in pariete[2] rimam[3] invenerunt, per quam occulte verba missa sunt. Quondam Pyramus amicae hoc consilium aperuit: „Nimio amore vexor. Mihi necessarium est te videre. Itaque oro te, ut custodes decipias nocteque domum patris relinquas. Ad magnum sacrum ante urbem situm conventuri sumus. Ibi fontem et altam arborem videbis."

Hoc consilium virgini placebat; media nocte custodem decepit, e domo abiit, locum facile invenit. Quamquam Pyramus nondum aderat, Thisbe sine metu sub alta arbore consedit. Subito autem leo cruento[4] ore[5] ad fontem accessit. Puella perterrita celeriter surrexit et procul fugit. Thisbe fugiens partem vestis reliquit, quem leo sanguine[6] sparsit.

Paulo post Pyramus accessit et vestem virginis sanguine sparsam invenit. Iuvenis putans amicam necatam esse magno dolore affectus est. Misera voce clamavit: „Haec una nox duos amantes perdet. Ego in culpa sum, Thisbe! Si primus adfuissem, te certe contra leones defendissem! Corripite me, leones feri!" Et haec verba acerba adiecit: „Hanc vitam tristem sine te non iam acturus sum." Tum gladio se necavit.

Ecce! Iam Thisbe rediit Pyramum tandem conventura eique de magno periculo narratura. Cum iuvenem sanguine[1] sparsum in terra iacere videret, lacrimas fundens clamavit: „Pyrame, quae mala fortuna te perdidit? Dic, Pyrame, audi, aperi oculos! Tua Thisbe te vocat!" Cum iuvenis nomen virginis dilectae audiret, oculos aperuit, tum de vita decessit.

---

[1] contiguus, a, um *angrenzend, benachbart* – [2] pariēs, parietis *m* *Wand* – [3] rīma *Ritze, Spalt* – [4] cruentus, a, um *blutig* – [5] ōs, ōris *n* *Mund, Maul* – [6] sanguis, -inis *m* *Blut*

Andreas Nesselthaler: Pyramus und Thisbe. 1795. London, Sotheby's.

Puella gladium aspiciens dixit: „Etiam mihi manus fortis est. Certe parentes intellegent me post mortem amici non iam victuram esse. Quamquam vivi non convenimus, tamen mortui coniuncti erimus.“ Vix ea verba dixerat, cum gladio se interfecit.

Die erschütterten Eltern begruben die Asche der beiden in einer einzigen Urne, sodass sie tatsächlich im Tode vereint waren.

---

[1] sanguis, -inis *m* *Blut*

71 Mars, Vulcanus und Venus

Der Gott Vulcanus war mit der Liebesgöttin Venus verheiratet. Als er wieder einmal in seiner Schmiede unter dem Vulkan Ätna auf Sizilien zusammen mit seinen Gehilfen, den Zyklopen, Waffen und Rüstungen im Auftrag der Götter anfertigte, besuchte ihn der Sonnengott ...

Vulcanus vultu familiari Solem salutavit: „Salve, magne Sol! Quae causa te ad haec loca atra ducit? Ignosce, si tenebrae, flammae, clamores Cyclopum te sollicitant; hic fabri duri et fortes laborant." Sol respondit: „Spero te non desperaturum esse, si tibi de flagitio uxoris tuae narravero." Vulcanus malleo[1] deposito clamavit: „Dic mihi, quae uxor mea fecerit!" Sol: „Iam diu Venus Martem amat. Cum tu sub monte laboras, ambo occulte conveniunt. Ego ipse nuper eos sibi oscula[2] dare vidi."

Hac re nova nuntiata Sol Vulcanum miserum reliquit. Is irae iustae non temperavit: Malleo[1] ambabus manibus comprehenso gladium paene confectum fregit. „Uxor impia, pudorem laesisti! Martemne amas, Martem, cuius arma ego his manibus feci? Mene neglegis, qui fulmina[3] Iovis feci?

Paolo Veronese: Mars und Venus. Um 1575/80. Turin, Galleria Sabauda.

[1] malleus *Hammer* – [2] ōsculum *Kuss* – [3] fulmen, -inis *n Blitz*

Ego Iove iubente perfeci catenam[1], qua Prometheus ad Caucasum fixus est. Ego deis consulo, ut ii armis a me factis victorias parere possint. Et tu mihi talem cladem domesticam paras, uxor? Flagitio tuo nunc perspecto severe in te consulam. Etiam Marti adversario non parcam. Iam consilium idoneum habeo."

Opere diei confecto Vulcanus Venerem adiit. Ira crescente tamen cum uxore cenabat et ridebat. Dixit: „Cras[2] domi non ero, uxor. Nam in insula Lemnia[3] magni labores me manent."

Profecto Venus Martem ad se vocavit, cum putaret maritum iter in insulam fecisse. Marte deo tandem accedente Venus laeta fuit. Amantes oscula[4] dabant, cum subito rete ferreum[5] in eos cecidit. Ambo se movere non iam poterant.

Nunc vocem Vulcani audiebant: „Videte, amici, quam pulchras aves hodie ceperim!" Tum Mars et Venus turbam deorum videbant, qui circum[6] se constiterant. Dei conspectum mirum vehementer riserunt.

Ita Venus maritum deceptura ipsa ab eo decepta est. Multi scriptores postea Vulcanum propter hunc dolum laudabant.

Maerten van Heemskerck: Vulkan zeigt Mars und Venus im Netz den Göttern. Um 1536. Wien, Kunsthistorisches Museum.

---

[1] catēna *Kette* – [2] crās *Adv. morgen* – [3] Lemnius, a, um *von Lemnos (griech. Insel)* – [4] ōsculum *Kuss* – [5] rēte ferreum *ein eisernes Netz* – [6] circum *rings um*

72 Perseus und Medusa

Perseus war der Sohn von Jupiter und der Menschenfrau Danaë. Da ein Orakel ihrem Vater Akrisios geweissagt hatte, sein Enkel werde ihn einmal töten, setzte er Danaë und den kleinen Perseus in einem Kasten auf dem Meer aus, um sie so umzubringen. Jupiter verhinderte dies, indem er sie auf der Insel Seriphos landen ließ, wo sie von König Polydektes aufgenommen wurden. Als Perseus ein junger Mann geworden war, überredete ihn Polydektes zu einem besonderen Abenteuer: Er sollte ihm den Kopf der Medusa bringen, die ein gefürchtetes weibliches Ungeheuer mit Schlangenhaaren war ...

Cum Perseus iuvenis se ad laborem a rege mandatum pararet, Minerva dea subito ante eum stetit: „Audi, adulescens! Unica via est victoriae: Primo pete tres sorores Medusae. Quae in montibus Africae habitant. Unum oculum communem habent, quem inter se dividunt. Si id oculum illis rapueris, tibi viam ad Medusam ostendent. Praeterea accipe hunc clipeum[1], qui tibi usui erit!“ Quibus verbis dictis dea abiit in auras.

Perseus itinere in Africam facto profecto tres sorores Medusae convenit. Illae, ut Minerva dixerat, primo adulescenti adesse nolebant; oculo autem rapto paruerunt et iuveni libenter viam ad Medusam ostenderunt. Tamen Perseus feminis oculum non reddidit, sed eum in fontem prope situm iactavit. Ita caverat, ne sorores Medusae interim indicarent Perseum mox adfore.

Paulo post iuvenis nonnullis nymphis occurrit. Quae dixerunt: „Accipe hanc manticam[2], in qua caput Medusae condere poteris.“ Adulescens gratias egit et iter perrexit.

Brevi tempore Mercurium, nuntium deorum, accedere vidit. Is dixit: „Conscius sum consilii tui. Quare habe tibi hunc gladium ex argento factum. Accipe etiam haec talaria[3]! Quibus celeriter ad Medusam pervenies. Sed si speluncam[4] illius intraveris, cave, ne eam aspicias: Adhuc omnes, qui eam conspexerunt, in saxa mutati sunt.“

Profecto Perseus auxilio talarium[3] celeriter ad illud litus volavit, ubi Medusa vitam agebat. Medusa tandem reperta Perseus id fecit, quod Mercurius iusserat. Sapienter providit, ut omne periculum effugeret.

Perseus erinnerte sich nämlich an die Mahnung des Merkur und näherte sich der schlafenden Medusa, ohne sie direkt anzusehen. Geschickt hielt er seinen Schild so, dass sich ihr Bild in ihm spiegelte.

---

[1] clipeus *Schild* – [2] mantica *Rucksack* – [3] tālāria, -ium *n Pl. Flügelschuhe* – [4] spēlunca *Höhle*

Michelangelo Merisi, genannt Caravaggio: Das Haupt der Medusa. 1598. Florenz. Galleria degli Uffizi.

Medusa gladio interfecta Perseus eius caput abscidit[1] et in mantica[2] condidit. Tum per aerem volavit in patriam rediturus, cum subito ventis vehementibus in regnum Atlantis agitatus est. Adulescens virum potentem orabat, ut ea nocte in tecto eius quiescere posset.

Cum autem ab eo repulsus esset, Perseus irae plenus dixit: „Tu ius hospitis neglegens donum idoneum accipies." Quibus verbis dictis Atlanti caput Medusae ostendit: Atlas statim in magnum montem mutatus est.

Nach dieser Sage soll so das Atlasgebirge im heutigen Marokko entstanden sein.

---

[1] abscindere, abscindō, abscīdī *abschneiden* – [2] mantica *Rucksack*

73 Perseus und Andromeda

Atlante in montem mutato Perseus iter ad litus Aethiopiae perrexit. Ibi virginem pulchram ad saxum vinctam vidit. Statim accessit et eam interrogare coepit: „Quod nomen tibi est, puella? Quae sors crudelis te hic retinet?“

Primo pudor eam respondere vetuit. Tum autem haec dicta dedit: „Mihi nomen est Andromeda. Sum filia Cephei, regis Aethiopiae. Audi causam calamitatis meae! Mater apud deas maris corpus pulchrum suum praedicabat. Dixit nullam feminam sibi parem esse. Quia mater se pluris existimabat quam feminas divinas, eae ira accensae Neptunum arcessiverunt. Deo auctore exemplum statutum est. Patria nostra diluvio[1] paene deleta est, ego ad hoc saxum vincta sum. Neptunus enim decrevit me draconi[2] saevo obicere, ut eo modo matrem meam puniret.“

Vix puella haec dixerat, cum ex altis undis maris draco ingens caput sustulit et ad litus accedere coepit. Andromeda vehementer perterrita clamavit, parentes eius cursu celeri illuc cucurrerunt.

Perseus magna voce clamavit: „Draco mox aderit. Itaque audite verba mea: Sum Perseus, filius Iovis. Medusam crudelem superavi. Andromedam servabo, si mihi licebit eam uxorem ducere. Tum ego ad pugnam paratus ero.“

Pater Andromedae respondit: „Haud me invito filiam uxorem duces. Si Andromedam nostram a dracone liberaveris, me vivo regnum meum possidebis.“

Et iam draco adfuit. Perseus talaribus[3] in aerem se sustulit et ingenti impetu gladii magnum animal temptavit. Quamquam monstrum[4] magnas flammas misit, ab adulescente forti necatum est. Andromeda parentesque e litore draconem mortuum in undis mergi[5] viderunt. Virgo amore incensa est, cum Perseus eam e vinculis liberaret. Parentes felices adulescenti gratias egerunt.

---

[1] dīluvium *Überschwemmung* – [2] dracō, -ōnis *m Drache* – [3] tālāria, -ium *n Pl. Flügelschuhe* – [4] mōnstrum *Ungeheuer* – [5] mergī, mergor, mersus sum *versinken*

Paolo Veronese: Perseus und Andromeda. Um 1576/78.
Rennes, Musée des Beaux-Arts et d'Architecture.

Paulo post nuptiae erant. Sed subito Phineus, frater regis, cum militibus suis convivium laetum invasit clamans: „Andromeda, uxor diu sperata, me ignaro alicui viro nupsit. Nunc ego huc veni supplicium iustum de Perseo sumpturus!“

Statim omnes hospites proelium acre inierunt. Sed tanta multitudo militum Phinei erat, ut Perseus se vix defendere posset. Cum cognosceret istos victuros esse, se avertit, caput Medusae comprehendit, hostibus ostendit. Statim Phineus eiusque milites in saxa conversi sunt.

So konnte Perseus heiraten. Später fand er seine Mutter Danaë wieder und lebte mit Andromeda glücklich bis an sein Lebensende.

Luca Giordano: Perseus kämpft gegen Phineus und dessen Gefährten. Um 1680. London, National Gallery.

74 Tantalus

Tantalus non solum rex dives et potens Lydiae, sed etiam filius Iovis erat. Cui summus deus etiam permiserat conviviis deorum interesse. Sed Tantalus tali honore dignus non erat. Nam omnia, quae apud superos audiverat, hominibus narravit.

Tanta audacia eius fuit, ut aliquando sapientiam superorum hoc modo turpi probaret: Primo filium suum necavit, tum deos ad cenam vocavit, deinde membra pueri exstincti in mensa posuit. Existimavit enim superos tantum scelus animadversuros non esse. Profecto Ceres umerum pueri cenavit. Ceteri dei crudele crimen patris impii statim perspexerunt.

Unus ex eis clamavit: „Puer miser in vitam redeat! Umerus laesus restituatur! At pater sceleratus gravi poena afficiatur! Ne cessaveritis, comites! Reddamus puero vitam! Puniamus Tantalum impium!"

Profecto dei puero vitam reddiderunt et umerum ex argento factum ei donaverunt. Tum Iuppiter irae plenus clamavit: „Qui furor te cepit, Tantale fili? Superi hominibus, qui tam crudeliter se gesserunt, numquam ignoverunt, ignoscunt, ignoscent. Censeo te omnem modum transisse. Itaque novum genus poenae inveniamus!" Quibus verbis dictis Tantalum in Tartarum demisit.

Ibi ille coactus est media in aqua stare. Quotiens bibere cupivit, aqua semper re-cessit, ut sitim[1] ardentem numquam exstinguere posset. Praeterea supra caput arbor erat plena fructuum dulcium. Sed quotiens iste infelix manus tetendit fructus comprehensurus, in altum sublati sunt.

Saepe Tantalus misera voce dixit: „Utinam mihi aquam bibere liceret! Utinam dei mihi permitterent hos fructus pulchros cenare! Utinam ne filium necavissem! Utinam ne tantum scelus commisissem!" Sed frustra haec optavit; superi Tantalum in aeternum hac poena afficiebant.

Tantalus. Französischer Kupferstich aus dem 17. Jh. Paris, Privatsammlung.

[1] sitis, sitis *f* *Durst*

75 Sisyphus

Auch Sisyphos, der Gründer der Stadt Korinth, hatte den Zorn des Jupiter auf sich gezogen, weil er dem Flussgott Asopos verraten hatte, dass der Göttervater mit dessen Tochter ein Liebesverhältnis habe.

Quia Iuppiter decreverat Sisyphum punire, Mortem ad eum misit. Etsi Mors cunctos homines adhuc sine ulla mora superaverat, Sisyphum vincere non poterat. Is enim Mortem in vincula tam fortia dedit, ut eius potestas frangeretur. Tum omnes mortales toto orbe laeti erant, quoniam nemo iam de vita decessit.

Quare Iuppiter a Marte, deo belli, auxilium petivit. Is bellum gerere statim desinebat seque ex acie recipiebat. Mars armatus Mortem celeriter e vinculis liberavit. Dum Mors iterum officia sua praestare coepit, Mars Sisyphum in Tartarum duxit. Iuppiter gaudebat putans Sisyphum illo loco tristi tandem puniri.

Sed iterum Sisyphus deos decepit: Sciebat Plutonem hominibus insepultis[1] aditum in Tartarum non praebere. Itaque uxorem vetuerat corpus suum mortuum in terra condere. Profecto is dolus contigit: Vix Mars et Sisyphus Tartarum incesserant, cum Pluto clamavit: „Ne accesseris, Sisyphe! Hic manere non debes, quoniam corpus nondum in terra conditum est. Si hoc factum erit, libenter in meo regno accipieris! Nunc autem abi!“

Sisyphus Martem derisit laetusque in terram rediit. Imperio Plutonis non paruit, sed vitam felicem cum uxore egit, praesertim cum illa multa convivia institueret. Saepe Sisyphus Plutonem derisit, propterea quod deum tam potentem dolo deceperat.

Aliquando autem Mors iterum ante Sisyphum stetit dicens: „Me non iam superabis, quamvis deos saepe effugeris. Veni mecum in Tartarum!“ Nunc Sisyphus Morti non iam restitit neque fuga salutem petivit. Sinebat se a Morte in Tartarum abduci.

---

[1] īnsepultus, a, um *unbestattet*

Sisyphus. Griechische Vasenmalerei aus Apulien.
Um 330 v. Chr. München, Staatliche Antikensammlung.

Ibi supplicium grave eum manebat: Iove enim auctore saxum in altum montem volvere coactus est. Statim Sisyphus laborem durum incipiebat. Cum autem officium praestitisset, ingens saxum de monte ruit. Iterum Sisyphus saxum volvere coepit, iterum saxum de monte cecidit. Cum Sisyphus omnibus viribus corporis contenderet, tamen ei numquam contigit illum laborem perficere.

76 Der Raub der Proserpina

Proserpina filia Iovis et Cereris deae erat. Mater virginem pulchram adeo diligebat, ut eam procul in insula Sicilia conderet, ne Proserpina a viro abduci posset. Profecto puella ibi vitam placidam sine praesidio agebat. Cum nymphis per silvas latas errabat, e fontibus puris aquam bibebat, in campis ludebat.

Aliquando in campo varios flores[1] collegit caput ornatura. Laeta carmen cecinit nesciens se in summo discrimine esse. Subito enim terra se aperuit. Quattuor equi cursu celeri exierunt currumque traxerunt, in quo Pluto, rex Tartari, stetit. Is statim Proserpinam perterritam comprehendit et secum abducere temptavit.

At Cyane nympha, quae ad fontem propinquum vivebat, hoc furtum animadvertit.

Rembrandt Harmensz van Rijn: Der Raub der Proserpina. Berlin, Staatliche Museen, Gemäldegalerie.

---

[1] flōs, flōris *m* *Blume*

Fortiter equis Plutonis occurrit magnaque voce clamavit: „Consistite, consistite! Quamvis rex potens sis, certe tibi non licet puellam rapere. Non intellego, cur tale scelus committas. An nescis, quid liceat, quid non? Nonne scis amore opus esse, si uxorem ducere vis? Praeterea respice miseram condicionem Cereris matris! Te interrogo, quomodo matri tristi istud flagitium explicaturus sis.“ Et haec verba addidit: „Dimitte ergo istud consilium improbum!“

Pluto deus non animo aequo, sed ira incensus respondit: „Cogita, quid dicas! Dubito, utrum stulta an audax[1] sis, nympha parva! Nemo enim deo dicere debet, quid facere oporteat. Da mihi viam!“

Nympha non cedente Pluto sceptrum[2] in eius fontem iactavit. Hoc modo via in Tartarum facta cum curru, equis, puella in regnum suum descendit. Cyane tristis tot lacrimas fudit, ut ipsa in fontem converteretur: Primo caput, umeri, pectora liquescunt[3], tum cetera membra in aquas abeunt.

Paulo post Ceres fontem adiit nympham interrogatura, ubi filia esset. Sed Cyane in aquam mutata matri tristi respondere non iam poterat.

Ceres irrte auf der ganzen Welt umher, um ihre verschwundene Tochter wiederzufinden. Endlich verriet ihr der Sonnengott Sol den Aufenthaltsort der Proserpina. Mit Hilfe Jupiters erreichte Ceres zumindest, dass Proserpina zwei Drittel des Jahres auf die Oberwelt kommen durfte. Das letzte Drittel jedoch, die Winterzeit, musste Proserpina bei ihrem Mann Pluto in der Unterwelt verbringen.

Frederic Lord Leighton: Die Rückkehr der Persephone. Um 1891. Leeds, City Art Galleries.

[1] audāx, audācis *frech, kühn* – [2] scēptrum *Zepter* – [3] liquēscere *flüssig werden*

77 Die lykischen Bauern

Bevor Jupiter Juno heiratete, hatte er mit Latona ein Verhältnis, aus dem das berühmte Geschwisterpaar Apollo und Diana hervorging. Als Latona mit ihnen schwanger war, musste sie durch viele Länder irren, weil die eifersüchtige Juno jedem Land verboten hatte, sie gastfreundlich aufzunehmen.

Latona dea postquam liberos peperit, Lyciam petivit. Aestas erat, sol ardebat. Dea longo itinere fatigata aestum ferre non iam poterat. Praeterea liberi miseri flebant et clamabant, quia ingenti fame et siti[1] vexabantur.

Subito mater procul stagnum[2] aquae plenum conspexit. Ergo celeri pede illuc properavit. Cum prope esset, medio in stagno viros rusticos stare vidit, qui ibi calamos[3] colligebant. Cum dea aquam bibere vellet, viri improbi feminam miseram a stagno prohibebant.

Latona ex eis quaesivit: „Cur me ab aqua prohibetis? Usus aquae bonum commune est. Natura neque solem neque aerem neque undas hominibus singulis dedit. Supplex peto, ut mihi aditum ad aquam praebeatis. Neque enim huc veni corpus meum fatigatum lavatura[4], sed ut magnam sitim[1] exstinguerem. Cur mihi tantum dolorem infertis? Etsi nulla misericordia vobis est, nonne parvi liberi vos movent? Nimis diu enim sitim pertulerunt. Afferte eis aquam, quaeso! Ne eos morti dedideritis!"

Dum haec dicit, liberi cupidi parvas manus ad aquam tetenderunt. Sed viri rustici neque hoc conspectu neque precibus matris commoti sunt.

Brunnenskulpturen des Latona-Brunnens vor Schloss Herrenchiemsee in Bayern, 19. Jh.

---

[1] sitis, sitis *f* *Durst* – [2] stāgnum *Teich* – [3] calamus *Schilfstengel* – [4] lavāre *waschen, baden*

Cornelis van Poelenburg: Latona und die lykischen Bauern, 17. Jh., Florenz, Opificio delle Pietre Dure

Non solum deam ab aqua prohibere perrexerunt, sed etiam hoc flagitium addiderunt: Et pedibus et manibus aquam puram ita perturbabant, ut bibi non iam posset.

Cum Latona haec videret, ira sitim superavit. Dea manus ad caelum tollens dixit: „Oro, superi, ut isti scelerati semper in hoc stagno[1] vivant. Opto, ut eis poenam iustam afferatis."

Et statim res mira facta est: Alii viri sub undis fuerunt, alii caput parvum ex aqua sustulerunt. Dei enim eos in ranas[2] converterant, quia leges sanctas hospitii[3] violaverant. Quorum voces quoque mutatae sunt. Quamvis essent sub aqua, sub aqua maledicere[4] temptabant. Haec fabula usque ad nostra tempora relata est, ut bonum a malo differri possit.

---

[1] stāgnum *Teich* – [2] rāna *Frosch* – [3] hospitium *Gastfreundschaft* – [4] maledīcere *schimpfen*

78 Niobe

Niobae, reginae Thebarum, consuetudo erat se ipsam laudandi. Nimis praedicabat corpus, sapientiam, divitias suas. Sed imprimis magnus numerus liberorum eam superbia complebat: Septem filios et septem filias enim habebat.

Aliquando virgo, quae erat custos templi Latonae deae, consilium iniit feminas Thebanas[1] convocandi. Itaque corona in caput imposita vesteque pulchra induta per vias urbis cucurrit vocans: „Feminae, venite in templum Latonae et facite sacra deae eiusque liberis!" Profecto multae feminae postero die templum intrabant.

Vix sacra instituerant, cum subito Niobe regina intravit iraeque plena clamavit: „Qui furor, feminae, vos huc agitavit? Interrogo vos, cur deos alienos colatis hominesque paene divinos turpiter omittatis. Scire volo, utrum Latonam an me pluris aestimetis."

Feminae tanta superbia commotae oculos in terram demiserunt. At regina sine ulla mora dicere perrexit: „Nonne scitis Tantalum patrem meum fuisse, cui cum superis cenare licebat? Nonne Iuppiter ipse avus meus est? Sumite tempus ad cogitandum: Mihi populi Phrygiae parent, mihi ingentes divitiae sunt. Praeterea comparando facile cognoscetis me tam pulchram quam istam deam esse. Addite nunc magnam turbam liberorum meorum! Latona tantum duos liberos habet – haec est septima pars gaudii mei! Tam felix tamque potens sum, ut Fortuna nullam facultatem habeat me violandi. Etsi mihi Fortuna nonnullos liberos eriperet, tamen numquam ad hunc parvum numerum liberorum Latonae descenderem. Quare desistite a sacris, feminae stultae, domumque abite!" His verbis auditis feminae aras templumque statim reliquerunt.

Sed Latona dea, quae cum Apolline filio et Diana filia hoc flagitium e summo monte vidisset, dixit: „Perferre non iam possum istam feminam mortalem me et vos verbis violare. Punite eam!"

Apollo et Diana nube tecti celeriter Thebas volaverunt. Ante muros urbis filii Niobae currendo et pugnando corpora sua exercebant. Apollo tela mittendi[2] peritus arcum[3] tetendit omnesque adulescentes interfecit.

---

[1] Thēbānus, a, um *aus Theben, thebanisch* – [2] tēla mittere *Pfeile schießen* – [3] arcus, arcūs *Bogen*

Andrea Camassei: Der Tod der Niobiden.
17. Jh. Rom, Galleria Nazionale d'Arte Antica.

Hoc nuntio ad Niobam relato regina statim ad corpora filiorum mortuorum properavit. Flens dixit: „Gaude, Latona crudelis, quod mihi septem filios eripuisti. Gaude, quod vicisti!“ Sed paulo post clamavit: „Num dixi te vicisse, dea? Certe non vicisti: Plures liberos habeo quam tu.“ Vix regina haec verba audaciae plena dixerat, cum Diana adfuit filiasque Niobae telis celeribus praeter unam necavit.

Das Übermaß ihres Schmerzes ließ Niobe zu einer Felswand versteinern; wo aus dem Steinmassiv Sturzbäche hervorbrachen, vermutete man ihre Augenhöhlen.

79 Apollo und Marsyas

Die Göttin Minerva war stolz, weil sie die lange Flöte erfunden hatte. Als sie ihre Erfindung jedoch bei einem Götterbankett vorstellte, lachten Venus und Juno über ihr Flötenspiel und sagten außerdem, sie sei hässlich dabei anzusehen. Minerva wollte sich selbst davon überzeugen und spiegelte sich beim Flötenspiel im klaren Wasser einer Quelle im Idagebirge. Als sie ihren hochroten Kopf und die aufgeblasenen Backen sah, warf sie die Flöte weg und belegte in ihrem Zorn das Instrument mit einem Fluch: Wer es finde, solle schwer betraft werden ...

Marsyas satyrus[1] cum per montes erraret, casu hanc tibiam[2] in terra iacentem invenit. Protinus tibia canere temptavit. Primo sonos[3] turpiores tantum effecit; sed cum multos dies artem canendi exercuisset, sonos dulciores quam antea fudit. Postquam saepe exercendo maximam facultatem tibia canendi sibi paravit, cum Apolline certamen inire decrevit.

Itaque deum nobilissimum adiit dicens: „Scire cupio, uter[4] sonos iucundiores tibia effecturus sit. Qua de causa certemus de victoria!" Apollo voce superbissima respondit: „Quisnam es, ignote, ut mecum tale certamen initurus sis? Sed quamvis vir ignobilior sis, tecum certabo. At audi condicionem meam: Tu tibiam habebis, ego lyram[5]."

Minerva, Marsyas, eine sitzende Muse, Apollo und die Siegesgöttin Victoria (v.l.n.r.). Römisches Marmorrelief. 2. Jh. n. Chr.

---

[1] satyrus *Satyr: bocksfüßiger Begleiter des Weingottes Bacchus* – [2] tibia *Flöte* – [3] sonus *Laut, Ton* – [4] uter *welcher von beiden* – [5] lyra *Leier*

Hac condicione a satyro accepta certamen initum est. Cum Apollo animadverteret Marsyam non infirmiorem[1] esse quam se, novam condicionem intulit: „Adeamus nunc laborem difficiliorem! Num ad tibiam carmen canere potes?“ Sero Marsyas dolum malum dei docti sensit – iam victus erat. Apollo enim facile eodem tempore et lyra et voce canere potuit.

Tum deus crudeliter ridens: „Satis gaudebas, satyre! Quia tantam audaciam habebas, ut me vincere cuperes, poena gravissima dignus es.“ Apollo statim satyrum miserum ad arborem vinxit eumque vivum deglubere[2] coepit. Constat lacrimas satyri in Marsyam flumen mutatas esse.

Johann Liss: Die Häutung des Marsyas durch Apollo. 17. Jh. Moskau, Staatliches Puschkin-Museum der Bildenden Künste.

[1] infirmus, a, um *schwach* – [2] dēglūbere *häuten*

80 Theseus und Prokrustes

Der Held Theseus wuchs bei seiner Mutter Aithra in Troizen auf. Erst als Jugendlicher hörte er, dass sein Vater Aigeus sei, der damals König von Athen war. Alsbald machte er sich auf den Weg dorthin, um seinen Vater kennenzulernen. Wie sein Vorbild Herkules brachte er während dieser Reise viele Räuber, Wegelagerer und Riesen zur Strecke.

Haud longe ab urbe Athenis tum Procrustes vitam agebat. Erat homo crudelis, longior arbore alta. Is nullam occasionem omisit hospites turpi dolo fallendi. Cum hospes aliquando Athenas petens domum Procrustis praeteriit, is celeriter exiit et familiarissimo vultu dixit:

„Salve, viator[1]! Video, miserrime, te itinere fatigatum esse. Et ecce! Iam vesper adest, mox aderit nox. Difficillimum est in tenebris iter facere. At facillimum est iter ad diem posterum differre. Intra tectum meum! Si vis, ea nocte hic manebis teque cibis bonis recreabis. Fame expulsa enim celerius Athenas pervenies. Cur dubitas?"

Cum quis hospitum domum inierat, primo cena praestanti delectatus, tum ad lectum ductus est. Procrustes semper haec verba dixit: „Video te longiorem lecto esse, hospes. Sed tibi adero." His verbis sceleratus pedes hospiti miserrimo abscidit[2]. Si qui hospes brevior lecto fuit, membra eius a Procruste tanta vi tenta sunt, ut homo miser periret.

Procrustes cum Theseum animadverteret, adulescentem eodem modo fallere temptavit. Profecto iuvenis una cum Procruste domum intravit ibique cenavit. Post cenam vir impius Theseum ad lectum duxit dicens: „Video te longiorem esse quam lectum, hospes! Sed scio, quomodo te breviorem facturus sim." Cum iuvenis Procrustem gladium acerrimum corripere videret, sceleratum sine ulla mora necavit.

Finitimi nece Procrustis audita gaudebant et Theseo gratias agebant, quia se tam fortem praestiterat. Hoc facto praeclaro cognosci poterat illum iuvenem a pueris virtuti semper studuisse.

---

[1] viātor, viātōris *m* *Wanderer* – [2] abscindere, abscindō, abscīdī *abschneiden*

Theseus tötet Prokrustes. Griechische Vasenmalerei.
Um 420 v. Chr. University of Oxford, Ashmolean Museum.

81 Ariadne auf Naxos

Wenig später traf Theseus seinen Vater Aigeus in Athen, musste aber bald wieder ein Abenteuer bestehen, das ihr bereits kennt: die Tötung des Minotaurus auf Kreta (Latein mit Felix 2, L 38), bei dem ihn Ariadne mit dem roten Faden unterstützte. Mit ihr an Bord floh Theseus über das Meer nach Athen – mit einem Zwischenaufenthalt auf der Insel Naxos. Doch als Ariadne am Morgen aufwacht, ist sie alleine am Strand ...

Ariadna vehementer permota primo diu errabat Theseum quaerens, tum montem ascendebat. Nam sperabat sibi ex eo loco meliorem conspectum fore. Profecto procul in mari navem Thesei aspexit.

Tum maximo odio incensa clamavit: „O pessime vir! Animalium saevorum misericordia maior est. Quo fugis, scelerate? Redi ad me! Singulari crudelitate me locavisti in insula, quae omni cultu atque humanitate caret. Nullos homines, nulla pecora adhuc vidi.

Me fallebas, cum diceres: ‚Semper a me amaberis, dum uterque nostrum vivet.' Num mortua sum? Nescio, utrum vivere an mortuum esse melius sit. Nam reliquus cursus vitae tristis erit. Neque occasio in patriam redeundi neque facultas Athenas petendi mihi est. Amore nostro exstincto mortem non iam timeo.

Sed quid audio? Minima re iam terreor. Quis scit, num haec terra leones alat? Quis scit, num homines barbari me interfecturi sint? Si in ista insula de vita decessero et ad inferos descendero, nemo me desiderabit, nemo me flebit.

At tu in patriam rediens maximis cum honoribus accipieris. Omnes Theseum propter facta praeclara praedicabunt. Maxima cum superbia de Minotauro et de periculis labyrinthi[1] narrabis, de me autem nihil dices.

Neque Aegeus neque Aethra parentes tui sunt, sed saxa dura te pepererunt. At posteri magnis spatiis praeteritis de te malam opinionem habebunt. Nisi vis hoc eventurum esse, verte navem! Nonne vides me supplicem manus tendere? Audi preces meas, crudelis!"

Theseus has preces miserrimas non audivit. Ipse tristis in nave stetit; haud sua sponte, sed Baccho auctore Ariadnam reliquerat. Deus enim Ariadnam pulcherrimam uxorem ducere voluit.

---

[1] labyrinthus *Labyrinth*

So geschah es auch: Bacchus erschien wenig später bei der verzweifelten Ariadne und machte sie zu seiner Frau. Theseus vergaß in seiner Trauer über den Verlust der geliebten Frau, das weiße Segel zu setzen, das er mit Vater Aigeus als Zeichen seines Überlebens ausgemacht hatte. Als Aigeus das Schiff mit schwarzem Segel in den Hafen von Athen einlaufen sah, beging er aus Trauer über den vermeintlichen Tod des Sohnes Selbstmord.

Die verlassene Ariadne. Römische Wandmalerei aus Pompeji.
1. Jh. n. Chr. Neapel, Museo Nazionale Archeologico.

Trotz des traurigen Todes seines Vaters verlebte Theseus glückliche Jahre als König Athens. Mit seiner Frau Hippolyte hatte er einen Sohn namens Hippolytos. Nach dem Tod seiner Frau heiratete er abermals: Phädra, die jüngere Schwester der Ariadne.

Phaedra femina pulchra fuit, sed fidem uxoris bonae non praestitit. Cum Theseus aliquando diutius abesset, amore commota Hippolytum adulescentem convenire studuit. Etsi Phaedra sciebat se recte non gerere, plurimum consiliis amicae credidit. Quae femina improba non solum Phaedram ad amorem Hippolyti semper excitavit, sed etiam iuveni persuadere temptavit, ut is Theseum patrem proderet eumque quam celerrime e regno pelleret.

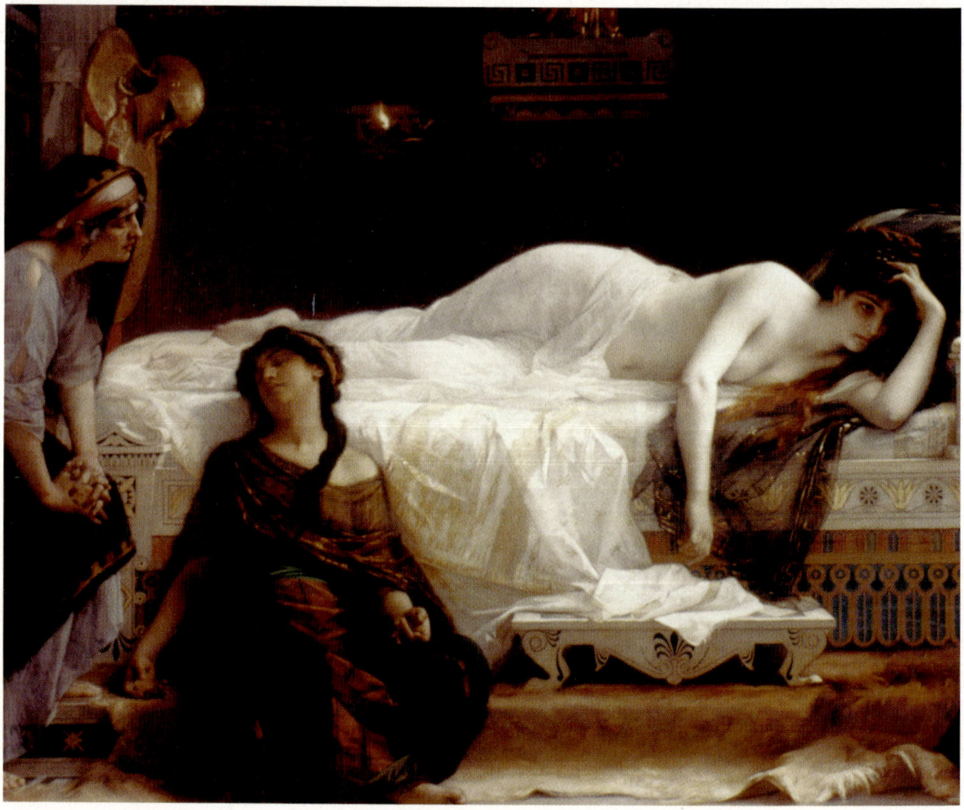

Alexandre Cabanel: Phädra. 1880. New York, The Granger Collection.

Hippolytus filius his consiliis perterritus se in sacrum Dianae deae recepit reditum[1] patris exspectaturus. Nunc Phaedra timere coepit, ne Theseus rediens consilia turpia animadverteret. Phaedra metuens, ne graviter puniretur, mortem subire decrevit. Sed quia magnus amor in ingens odium conversus erat, Hippolyto nocere[2] cupivit.

Quare ante suam mortem epistulam ad Theseum his fere verbis scripsit: „Phaedra, uxor tua bona, te salutat. Cum eam epistulam inveneris, iam mortua ero. Cognosce legendo scelus, quod filius tuus commisit. Is improbus haud diutius toleravit sine potestate esse. Itaque iste consilium iniit te vel necare vel e regno pellere. Etsi fortius resistebam, non desinebat me uxorem suam nominare. Cum autem cognosceret, me fidem uxoris bonae servaturam esse, me coegit, ut mortem subirem. Vale, marite optime, meque memoria tene! Cave maxime filium!"

Profecto paulo post Theseus hanc epistulam in manu uxoris mortuae invenit. Epistula lecta tanto furore incensus est, ut Neptunum deum oraret: „Cura, ut filius impius mox pereat!" Cum Hippolytus accederet patri consilia crudelia Phaedrae aperturus, Theseus verbis filii non credidit, sed eum in exilium misit.

Celerius quam Theseus putaverat, filius occisus est. Cum Hippolytus tristis patriam relinquens currum per litus regeret, Neptuno auctore ingens monstrum[3] e mari surrexit. Cuius conspectu equi perterriti ruerunt Hippolytumque e curru iactaverunt. Brevi tempore graviter violatus periit. Sic Theseus infelix uno die et uxorem et filium amisit.

---

[1] reditus, -ūs *Rückkehr* – [2] nocēre *schaden* – [3] mōnstrum *Ungeheuer*

83 Jason raubt das Goldene Vlies

König Pelias von Thessalien hatte sich gegen den Anspruch seines älteren Bruders Aison des Throns bemächtigt. Allerdings hatte ihm ein Orakel geweissagt, dass derjenige, der ihm mit nur einer Sandale bekleidet entgegentrete, ihn einmal umbringen werde. Tatsächlich verlor Jason, der Sohn des Aison, auf dem Weg zu Pelias einen Schuh. Der König bemerkte dies voller Angst und trug ihm die Mission auf, aus Kolchis das Goldene Vlies zu holen. Er versprach ihm für diesen Fall den Thron, hoffte aber insgeheim, dass der junge Mann bei diesem Abenteuer umkommen werde. Nach vielen Abenteuern erreichte Jason mit dem Schiff Kolchis, wo er gegen den Willen des dort ansässigen Königs Aietes das Goldene Vlies zu erringen suchte. Glücklicherweise hatte er die Königstochter Medea, die sich in ihn verliebt hatte, auf seiner Seite ...

Medea, ne quis amorem animadverteret, occulte domum patris reliquit. Vigiliis deceptis nocte ad navem Graecorum pervenit. Ibi Iasoni dixit: „Si pellem[1] auream possidere vis, silvam quandam adire debebis, ubi draco[2] pellem in arbore fixam custodit. Sed magnum quoddam periculum subibis: Draco enim animal immortale est. Sed ne desperaveris! Ego tibi libenter adero.“

Iason laetus respondit: „Si mihi adfueris, te uxorem ducam. Adeamus statim silvam! Nam nocte facilius erit draconem subigere.“ His verbis dictis e nave alta in arenam litoris desiluit.

Paulo post ambo silvam atram intrabant. Iam procul oculos ardentes draconis aspexerunt. Incredibili quadam virtute animali saevo occurrebant. Draco ira accensus surrexit ingentique corpore suo Iasonem et Medeam in fugam vertere temptavit. Sed Medea artis magicae[3] perita draconi cibum venenatum[4] obiecit, quem is sine ulla mora cenavit. Brevi tempore animal saevum somno alto se dedit. Tum Iason pellem[1] auream in arbore fixam sustulit.

---

[1] pellis, -is *f Fell, Vlies* – [2] dracō, -ōnis *m Drache* – [3] ars magica *Zauberkunst* – [4] venēnātus, a, um *vergiftet*

Christian Daniel Rauch: Jason und Medea. Marmorrelief. 1810-20. Berlin, Staatliche Museen, Nationalgalerie.

Ambo cum feliciter ad navem redissent, comites Iasonis vehementer gaudebant. Quidam ex eis pellem auream iterum atque iterum spectabant. Iason magna voce clamavit „Audite, comites! Huic virgini pulchrae gratias ago. Medea iuvante enim draconem[1] subegi. Pelle[2] rapta mihi nunc Peliae regi succedere licet. Si dei nos in patriam pervenire siverint, Medeam uxorem ducam. Sed nolite cessare! Relinquamus quam celerrime hunc sinum et pergamus per undas in patriam!" Quamquam Aeetes rex postridie magna cum classe navem Iasonis successit, Graeci effugerunt.

In der Heimat angekommen, konnte sich König Pelias nicht weigern, seinen Thron für Jason freizumachen. Wie versprochen, heiratete Jason Medea.

---

[1] dracō, -ōnis *m* *Drache* – [2] pellis, -is *f* *Fell, Vlies*

84 Philemon und Baucis

Aliquando Iuppiter et Mercurius se in homines mortales converterunt et de caelo in terram descenderunt. Nam ignoti hospitium[1] hominum probaturi erant. Multas domos iam adierant sperantes se cibum simplicem accepturos esse. Sed nemo mortalium preces audivit, nullius porta patuit.

Iuppiter ira incensus dixit: „Vereor, ne cuncti homines tam duram mentem habeant. Sed vide hanc parvam domum, Mercuri! Temptemus ibi fortunam!“ Vix summus deus manu portam tetigit, cum subito patuit. Philemon senex exibat mollique voce hospites duos hortabatur, ut intrarent.

Intus Baucis uxor hospites veste simplici indutos salutabat: „Salvete, viri! Vos iter longum mihi fecisse videmini. Arbitror vos fatigatos esse. Itaque considite et quiescite!“ Tum ad focum[2] ibat cenam paratura. Dum femina spiritu suo flammas alit, maritus e parvo horto[3] fructus arcessivit. Paulo post Philemon ridens: „Hospitibus nostris hodie“, inquit, „cibos optimos praebebimus, uxor cara!“

Dei gaudebant: Cognoverunt enim Philemonem et Baucidem omnia, quae habebant, libenter cum hospitibus dividere, quamvis divites non essent. Post cenam Philemon hospitibus vinum, quod ipse paraverat, dedit. Dei convivio simplici contenti erant; imprimis autem vultibus familiaribus amborum gaudebant. At ii nesciebant se cenam paravisse deis. Sed mirabantur, quod vas iterum atque iterum vini plenum erat, quamquam iam multum biberant.

Subito senserunt deos hanc rem miram effecisse. Statim manibus ad caelum sublatis suppliciter superos oraverunt: „Ignoscite nobis, dei immortales, quod vobis tam simplicem cenam praebuimus.“ His verbis dictis Philemon in stabulum[4] cucurrit anserem[5] capturus, necaturus, ad cenam paraturus. Sed senex anserem celerem capere non potuit; avis enim ad deos fugerat.

---

[1] hospitium *Gastfreundschaft* – [2] focus *Herd* – [3] hortus *Garten* – [4] stābulum *Stall* – [5] ānser, -eris *m* *Gans*

Peter Paul Rubens: Jupiter und Merkur bei Philemon und Baucis.
Um 1620/25. Wien, Kunsthistorisches Museum.

Iuppiter ridens dixit: „Ii, qui supplices ad deos veniunt, numquam frustra orabunt. Profecto dei sumus. Ad terram descendimus, ut virtutem hominum cognosceremus. Sed praeter vos cuncti mortales mentem duram habent. Si ii pietatem vestram imitati essent, supplicio digni non essent. Vos tuebimur, sed istos graviter puniri oportet. Relinquite celeriter hanc domum, ut servemini!"

Brevi tempore Philemon et Baucis in monte superiore versabantur eque eo loco viderunt totam regionem circum se sub aqua latere. Praeterea parvam domum suam in templum aureum mutari viderunt.

So hatte Jupiter die Gastfreundschaft beider belohnt. Die Alten lebten noch lange als Hüter des Tempels, bis sie auf ihren Wunsch hin zugleich starben und als Sinnbild ehelicher Liebe in einen Baum mit zwei Stämmen verwandelt wurden.

85 Pygmalion

Constat Venerem deam e spuma[1] maris natam esse. Plerique arbitrantur hanc rem miram ad Cyprum insulam evenisse. Per multa saecula enim incolae huius insulae imprimis Venerem deam verebantur.

Qua in insula quondam artifex[2] quidam vitam agebat, qui Pygmalion nominabatur. Is sine coniuge vivebat, quia feminae sibi plurima vitia habere videbantur: Alia, ut ratus est, fidem non praestitit, alterius avaritiam pati noluit, alia sibi haud satis pulchra visa est.

Aliquando Pygmalion statuam virginis effecerat, quae pulchrior erat omnibus feminis vivis. Cuncti homines, qui hanc statuam viderunt, eam vivam virginem esse arbitrati sunt. Adeo ars arte latuit. Artifex ipse tanto amore statuae incensus est, ut eam non solum saepius tangeret, sed etiam cum ea loqueretur. Oscula[3] quoque dedit, munera puellis grata illi tulit, corpus pulchrum eius varia veste ornavit. Vespere statuam in lecto suo posuit, tamquam illa quiescere posset.

Postridie dies forte festus[4] Veneris fuit, quo cuncti incolae insulae conveniebant, ut deam vererentur. Etiam Pygmalion prima luce ad sacrum Veneris profectus est. Ibi ad aram constitit manusque ad simulacrum deae tendens oravit: „Si dare cuncta potes, diva, opto, ut mihi sit coniunx statuae simillima! Ne oblita sis ministri pii tui, dea! Saepe enim auxilium tuum iam expertus sum.“ His precibus dictis magna cum celeritate domum rediit.

Vix statuae oscula[3] dederat eiusque corpus manibus tetigerat, cum illa oculos volvere et membra movere coepit. Pygmalion primo hac re mira perturbatus recessit[5], tum ad eam aggressus est interrogans: „Num etiam sermone humano uti potes?“ Paulo post expertus est eam loqui quoque posse. Deinde artifex[2] iterum ex ea quaesivit: „Num currere et me sequi potes? Utere pedibus tuis, quaeso!“ Profecto illa eius vestigia secuta est.

Nunc Pygmalion sibi felicissimus vir totius orbis terrarum esse visus est. Sed maiorem etiam fortunam expertus est. Venus enim ei permisit, ut virginem sua arte factam uxorem duceret. Brevi tempore Paphus filia nata est.

Diese Tochter namens Paphos wurde später zur Gründerin und Namensgeberin der Stadt Paphos auf Zypern.

---

[1] spūma *Schaum* – [2] artifex, -icis *m Künstler* – [3] ōsculum *Kuss* – [4] fēstus, a, um *festlich, feierlich* – [5] recēdere, recēdō, recessī *zurückweichen*

Ernest Normand (1857-1923): Pygmalion and Galatea, 1886

86 Herkules und die Schlangen

Der Göttervater hatte zusammen mit Alkmene, der Frau des Königs von Theben, einen Sohn: Herkules. König Amphitryon wusste nichts von der göttlichen Abkunft des Babys, wohl aber Juno, die darüber erzürnte Ehefrau Jupiters ...

Iuno Iovi vehementer irascebatur. His verbis secum flagitium mariti questa est: „Iterum a coniuge meo decepta sum. Iterum Iuppiter veritus, ne occasio secunda omitteretur, aliam feminam sibi delegit. Utinam mihi liceret eum ipsum punire! Sed nemo summum deum punire debet. Tamen scio, quomodo eum violatura sim: Perdam parvum puerum, quem Alcmene marito meo malo peperit. Quamobrem duos serpentes mittam, qui puerum in cubiculo[1] iacentem interficient."

Hercules puer cum quiesceret, repente serpentes a Iunone missae adfuerunt. Neque custodes neque servae animalia saeva animadverterant. Ne mater quidem prope sedens serpentes sibilantes[2] audiverat. Propius propiusque accedebant et cunabula[3] ascendebant. Cum puerum quiescentem viderent, capita surrexerunt linguasque celerrime huc et illuc moverunt. Tum longis corporibus collum[4] pueri miseri circumdare coeperunt. Parvus puer matre ignara summo in discrimine versatus est.

Sed Hercules e somno excitatus non solum magna voce clamavit, sed etiam manibus parvis animalia fera corripuit. Tum eorum colla[4] tanta vi pressit[5], ut serpentes statim de vita decederent.

Servae clamore pueri excitatae cubiculum[1] ingressae sunt, mater perterrita ad cunabula[3] ruit, custodes celeriter ingredientes rex ipse secutus est. Is ratus hostes invasisse gladium dextra tenebat paratus ad pugnandum. Cuncti tum mirum conspectum intuebantur: Parvus puer ridebat et laetus homines se circumdantes aspiciebat, serpentes mortui in terra iacebant.

Rex ingenti vi Herculis parvi turbabatur. Itaque senem sapientem arcessivit, ut eius auxilio futura pueri experiretur. Senex contendit Herculem iuvenem e domo parentum egressurum, multa animalia saeva necaturum, post mortem vitam aeternam in numero deorum acturum esse. Constat haec omnia eodem modo evenisse, quo senex sapiens dixerat.

---

[1] cubiculum *Schlafzimmer* – [2] sībilāre *zischen* – [3] cūnābula, -ōrum *n Pl. Wiege* – [4] collum *Hals* – [5] premere, premō, pressī *drücken, pressen*

Pompeo Batoni: Herkules als Kind, die Schlangen erwürgend.
1743. Florenz, Galleria d'Arte Moderna.

87 Herkules am Scheidewege

Amphitryon ließ Herkules im Bogenschießen, Boxen, Ringen und Leierspielen ausbilden. Der berühmte Lehrer Linos lehrte ihn die Buchstabenschrift. Als dieser den Jüngling einmal geohrfeigt hatte, war der Schüler darüber so erbost, dass er seinem alten Lehrer die Leier mit solcher Wucht an den Kopf warf, dass dieser starb. Amphitryon schickte Herkules nun aus Angst vor weiteren Gewaltausbrüchen zu den Hirten auf das Land, wo er eine glückliche Jugend verbrachte.

Aliquando Hercules adulescens comites suos convocavit. Haec fere dixit: „Audite, amici! Diu apud vos vivebam, multum temporis in laboribus duris consumebam. Nunc autem tempus est cogitandi, qualem vitam futuram acturus sim. Etsi facile mihi non est, vos relinquere debeo. Valete!"

Postquam a familiaribus discessit, iter multorum dierum fecit. Itinere fatigatus in saxo consedit et futura animo volvit. Repente duas feminas accedere vidit. Alia veste simplici induta erat, alia vestem variam multaque ornamenta aurea in collo gerebat et magna cum superbia incedebat.

Quae Herculem non salutavit, sed statim loqui coepit: „Sentio, Hercules, te nescire, quam rationem vitae persecuturus sis. Si me comitem ducemque delegeris, tibi vitam iucundissimam et pulcherrimam praebebo. Non iam curis premeris, nihil mali tibi eveniet, cunctae res adversae cedent. Crede mihi: Et inopia et labore carebis, immo semper in voluptatibus vives. Bene cenabis, multum bibes, in lecto molli semper quiesces. Luxuriam sine opera facile consequeris."

Oratione finita iuvenis eam interrogavit, quod nomen haberet. Illa voce superbiore respondit: „Ii, qui me amant, Voluptatem me nominant. Sed adversarii me Vitium appellant."

Tum alia femina molli voce ingressa est: „Non ignoro originem[1] nobilem tuam, Hercules. Quamobrem spero te me secuturum esse. Ego tibi neque voluptatem falsam neque luxuriam promittam. Homines enim scire debent sibi a deis nil boni sine magna opera dari. Ii, qui a superis diligi cupiunt, gloriam pietate et labore consequentur. Ii, qui amicis veris uti volunt, amicis usui esse debent. Eos, qui aliquid honoris sibi optant, in re publica versari oportet. Ii, qui corpore firmo uti volunt, corpus exercendo

---

[1] orīgō, -inis *f* *Ursprung, Herkunft*

confirmare debent. Ceterum si nomen meum audire vis, Virtus appellor." Tum haec verba addidit: „Videsne ibi viam angustam et difficilem? Si me ducem delegeris, hac via ascendes."

Alia femina magna voce ridebat: „Quid consilii ergo inibis, Hercule? Si diligenter istam viam longam et asperam cum hac via brevi et iucunda mea comparaveris, tibi haud difficile erit decernere. Puto enim tibi tantum ingenii esse."

Tum Virtus dixit: „Confitere, Voluptas, te a superis pulsam esse et ab hominibus honestis neglegi: Numquam enim beneficium hominibus dedisti. Ego autem apud immortales et apud mortales in honore sum: Sine me enim nulla amicitia est. Si statueris me sequi, Hercules, certe labores et onera subire debebis, denique autem verum gaudium te exspectabit."

Paulo post utraque femina discesserat. Hercules sine ulla mora decrevit Virtute duce vitam agere.

Pietro Benvenuti: Herkules am Scheidewege.
1828. Florenz, Palazzo Pitti, Sala di Ercole.

88 Achill – ein Held in Frauenkleidern

Achill ist euch bekannt vor allem als der sagenhafte griechische Held, der im Krieg gegen Troja den trojanischen Prinzen Hektor im Zweikampf tötete. Nur wenige allerdings kennen die folgende kuriose Geschichte über Achill aus der Zeit vor dem Trojanischen Krieg.

Thetis, mater divina Achillis, fortunam futuram filii non ignorabat: Sciebat illum bello Troiano interfuturum neque vivum rediturum esse. Mater filium a pugnando prohibitura eum occulte ad Lycomedem regem misit, ut in insula eius lateret. Recte enim Thetis arbitrabatur comites Graecos Achillem, militem fortissimum, quaesituros esse.

Profecto Achilles verbis matris parebat seque in regnum Lycomedis recipiebat. Cum illuc pervenisset, statim vestem muliebrem[1] induit, ne quis eum cognoscere posset. Etiam nomen novum accepit: Pyrrha nominabatur. Diu Achilles in ea parte domus habitabat, quam solum feminae ingrediebantur. Ibi unicus vir inter tot feminas vitam iucundissimam egit. Filia regis tanto amore Achillis incensa est, ut ei parvum filium pareret. Sed haec fortuna perpetua non erat.

Graeci, qui sciebant se sine auxilio Achillis Troianos duros numquam superaturos esse, Ulixi mandaverunt, ut Achillem fortem reperiret et arcesseret. Qui vir doli peritissimus aliquando in insulam Lycomedis venit. Ulixes ratus Achillem ibi latere summa cum eloquentia dixit: „Si forte ades, Achilli, audi mea verba! Maximam gloriam tibi propono: Si nobiscum Troianos viceris, nomen tuum immortale erit. Sin autem bello praeclaro non interfueris, homo ignotus et obscurus vitam tristem finies. Res haud inanes polliceor. Itaque veni mecum!"

Achilles veste muliebri[1] indutus his verbis commotus est, sed se nec vultu nec voce prodidit. Ulixes cum sentiret se frustra orationem habuisse, dolum paravit. Imperavit, ut in ea parte domus, in qua feminae habitabant, arma sub vestibus pulchris tegerentur. Dum feminae vestes mirabantur, Ulixes extra domum cornu signum pugnae dedit.

Vix Achilles cornu notum audiverat, cum arma sub vestibus condita comprehendit paratusque ad pugnandum e domo egressus est. Statim Achilles ab omnibus Graecis cognitus est, quamquam vestem muliebrem[1] gerebat. Tum Achilles tanto pudore affectus est, ut non dubitaret sua sponte bello Troiano interesse.

---

[1] muliebris, e *weiblich*

Peter Paul Rubens und Anthonis van Dyck: Achilles unter den Töchtern des Lykomedes. 17. Jh. Madrid, Museo del Prado.

Eigennamenverzeichnis

Achillēs, -is *m* Achill, stärkster der griech. Helden im Trojanischen Krieg. Sohn der Meernymphe *Thetis* und des Königs Peleus von Phthia.

Actaeōn, -onis *m* Aktäon, Enkel des Königs *Cadmus* von *Theben.*

Aeētēs, -ae *m* Aietes, König von *Colchis*, Vater der *Medea.*

Aegeus, eī *m* Aigeus, König von Athen, Vater des *Theseus.*

Aethiopia Äthiopien, Königreich des *Cepheus* in Afrika.

Agēnōr, -oris *m* König von Phönizien, Vater der *Europa* und des *Cadmus.*

Aethra Aithra, Tochter des Königs von *Troezen.* Mutter des *Theseus.*

Alcmēna Alkmene, Frau des *Amphitryon*, des Königs von *Theben.* Wurde von *Iuppiter* schwanger und gebar ihm den *Hercules.*

Amor, -ōris *m* Amor (griech. Eros), der Liebesgott.

Amphitryōn, -ōnis *m* König von Theben, Ehemann der *Alcmena.*

Andromeda äthiopische Prinzessin, Tochter des Königs *Cepheus.* Ihre Mutter *Cassiopeia* hatte sich gerühmt, schöner als die Meeresgöttinnen zu sein, weswegen *Neptunus* den Tod ihrer Tochter forderte. Andromeda wurde von *Perseus* befreit, der sie schießlich zu seiner Gemahlin nahm.

Apollō, Apollinis *m* Apollo (griech. Apollon). Gott des Lichts, der Musik und Künste sowie der Heilkunst und Weissagung. Sohn des *Iuppiter* und der *Latona*, Zwillingsbruder der *Diana.* In der griech. Stadt Delphi befand sich sein berühmtestes Heiligtum mit Orakelstätte. Heilig ist ihm der Lorbeerbaum, in den sich die schöne *Nymphe Daphne* verwandelt hatte.

Argus der hundertäugige Wächter, den *Iuno* zur Bewachung der *Io* herbeirief. Er wurde von *Mercurius* getötet. Juno setzte daraufhin seine 100 Augen ihrem heiligen Vogel, dem Pfau ein.

Ariadna Ariadne, Tochter des Königs *Minus*, Schwester der *Phaedra.* Half *Theseus* mit dem roten Faden bei der Überwindung des *Minotaurus.* Theseus ließ sie während der Überfahrt von *Creta* nach *Athen* alleine auf der Insel *Naxus* zurück. Dies geschah auf Geheiß des *Bacchus*, der die verlassene Ariadne aufsuchte und sich mit ihr vermählte.

Athēnae, -ārum Athen, bedeutendste Stadt in Griechenland. Heimat des *Theseus.*

Atlās, -antis *m* König von Mauretanien. Er verweigerte dem Reisenden *Perseus* gastliche Aufnahme und wurde deshalb von ihm mit dem Haupt der *Medusa* zu Stein verwandelt: in das Atlasgebirge (im heutigen Marokko).

Bacchus Bacchus (griech. Dionysos). Gott des Weines. Er heiratet *Ariadna*, nachdem *Theseus* sie auf der Insel *Naxus* zurückgelassen hat. Seine Begleiter sind die *Satyrn.*

Baucis, -idis *f* Baukis, Ehefrau des phrygischen Bauers *Philemon.*

Cadmus Kadmos, Gründer und König der Stadt *Theben.* Sohn des *Agenor* und Bruder der *Europa.* Großvater des *Actaeon.*

Cassiopeia Kassiopeia, Königin der Äthiopen, Mutter der *Andromeda.*

Caucasus (mōns) der Kaukasus, Gebirge zwischen Schwarzem und Kaspischem Meer.

Cēpheus, -eī *m* Kepheus, König der Äthiopen, Gatte der *Cassiopeia*, Vater der *Andromeda.*

Cerēs, Cereris *f* Ceres (griech. Demeter). Göttin des Ackerbaus und der fruchttragenden Erde. Von *Iuppiter* Mutter der *Proserpina.*

Colchis, -idis *f* Kolchis, Landschaft am östlichen Ufer des Schwarzen Meeres. Heimat der *Medea.*

Crēta Kreta, griech. Insel. *Iuppiter* entführte *Europa* dorthin. Sie gebar ihm *Minus*, den späteren König der Insel.

Cyane eine Quell-*Nymphe*, die den Raub der *Proserpina* durch *Pluto* vergeblich zu verhindern suchte.

Cyclōpēs, -um *m Pl.* die Zyklopen, einäugige wilde Riesen auf der Insel Sizilien. Schmiedegehilfen des *Vulcanus*.

Cyprus *f* Zypern, Insel im östlichen Mittelmeer. Geburtsort der *Venus*. Heimat des *Pygmalion*.

Danaē, -ēs *f* Geliebte des *Iuppiter*. Mutter des *Perseus*.

Daphnē, -ēs *f* eine schöne *Nymphe*, Tochter des Flussgottes Peneus.

Deukaliōn, -ōnis *m* ein Sohn des *Prometheus*. Er und seine Frau *Pyrrha* entkamen als einzige Menschen der von *Iuppiter* geschickten Sintflut und erschufen ein neues Menschengeschlecht.

Diāna Diana (griech. Artemis). Göttin der Jagd, des Waldes und des Mondes, Schützerin der Frauen und der Jungfräulichkeit. Zwillingsschwester des *Apollo*.

Eurōpa Tochter des phönizischen Königs *Agenor*. *Iuppiter* verliebte sich in sie und entführte sie in Gestalt eines weißen Stieres nach *Creta*. Mutter des *Minus*.

Fortūna die Glücksgöttin, die Personifikation des Glücks.

Herculēs, -is *m* Herkules (griech. Herakles). Stärkster und berühmtester der griech. Helden. Sohn des *Iuppiter* und der *Alcmena*. Um sich von einer im Wahnsinn begangenen Freveltat reinzuwaschen, musste er im Auftrag von Eurystheus, dem König von Tiryns, die berühmten „zwölf Arbeiten" vollbringen. Nach seinem Tod wurde er in den Kreis der Götter aufgenommen.

Hippolytus Hippolytos, Sohn des *Theseus* aus erster Ehe; seine Stiefmutter *Phädra* verliebte sich unglücklich in ihn.

Iāsōn, -ōnis *m* Jason, Sohn des Königs Aison von Thessalien. Aisons Bruder *Pelias* hatte sich des Thrones bemächtigt. Um Jason ins Verderben zu schicken, sandte er ihn nach *Colchis* aus, das Goldene Vlies heimzuholen, ein heiliges goldenes Widderfell. Wenn er dies schaffe, werde Pelias ihm die Königsherrschaft überlassen. Mit Hilfe der *Medea* gelang ihm der Raub des Goldenen Vlieses. Er heiratete Medea und wurde König von Thessalien.

Īō, -ōnis *f* die Tochter des Königs Inachos von Argos, Geliebte des *Iuppiter*.

Iūnō, -ōnis *f* Juno (griech. Hera). Schwester und Gemahlin des *Iuppiter*. Schützerin der Ehe und der Frauen; Fruchtbarkeits- und Geburtsgöttin.

Iuppiter, Iovis *m* Jupiter (griech. Zeus), Göttervater. Zum großen Ärger seiner Gattin *Iuno* hatte er zahlreiche Geliebte, z.B. *Io*, *Europa*, *Ceres*, *Danae*, *Latona*, *Alcmena* ... Aus diesen Verbindungen gingen viele Götter und Helden hervor: *Apollo* und *Diana*, *Proserpina*, *Hercules*, *Perseus*, *Tantalus*, *Sisyphus* ... Die Liebschaften des Jupiter galten in der Antike nicht als Schande sondern als Zeichen der übermächtigen Naturkraft des höchsten Gottes.

Latōna Göttin (griech. Leto). Von *Iuppiter* Mutter des *Apollo* und der *Diana*. Flieht als Schwangere vor der eifersüchtigen *Iuno*, gebiert ihre Zwillinge schließlich auf der griech. Insel Delos.

Lycia Lykien, Landschaft im Südwesten Kleinasiens.

Lycomēdēs, -is *m* Lykomedes, König der griech. Insel Skyros. Auf seiner Insel versteckt *Thetis* ihren Sohn *Achilles*, um ihn vor der Teilnahme am Trojanischen Krieg zu bewahren.

Lydia Lydien, Landschaft an der Westküste Kleinasiens.

Mārs, Mārtis *m* Mars (griech. Ares). Gott des Krieges.

Marsyās, -ae *m* ein *Satyr*. Meister im Flötenspiel; forderte *Apollo* zu einem musischen Wettstreit heraus. Von Apollo besiegt und schwer bestraft.

Mēdēa zauberkundige Tochter des Königs *Aeetes* von *Colchis*. Half *Iason* mit ihrer Zauberkunst beim Raub des Goldenen Vlieses. Nach der Flucht aus *Colchis* wurde sie Jasons Gemahlin.

Medūsa weibliches Ungeheuer mit Schlangenhaaren, dessen Anblick jeden Menschen zu Stein erstarren ließ. Von *Perseus* getötet und enthauptet.

Mercurius Merkur (griech. Hermes). Götterbote, Gott des Handels, der Reise und der Diebe.

Minerva Minerva (griech. Athene). Göttin der Weisheit und des Handwerks. Tochter des *Iuppiter*.

Minōtaurus Sohn der Pasiphaë. Mit einem Stier gezeugt, daher halb Mensch und halb Stier. Der Mann der Pasiphaë, König *Minus* von *Creta*, sperrte das Ungeheuer in einem Labyrinth ein und fütterte ihn mit den Jünglingen und Mädchen, die ihm die Athener als Tribut liefern mussten, bis endlich *Theseus* den Minotaurus tötete und mit Hilfe der *Ariadna* wieder aus dem Labyrinth herausfand.

Minus Minos, König von *Creta*, Sohn des *Iuppiter* und der *Europa*. Vater der *Ariadna* und der *Phaedra*.

Mors Mors (griech. Thanatos), die Personifikation des Todes.

Naxus *f* Naxos, griech. Insel.

Neptūnus Neptun (griech. Poseidon). Gott des Meeres.

Nioba Tochter des *Tantalus*, im kleinasiatischen *Phrygien* aufgewachsen, später durch die Heirat mit Amphion Königin von *Theben*.

Nymphae, -ārum *f Pl.* die Nymphen, niedere Baum-, Fluß- und Quellgottheiten. Begleiterinnen der *Diana* und der *Persephone*.

Paphus Paphos, Tochter des *Pygmalion*, Gründerin der Stadt Paphos auf Zypern.

Peliās -ae *m* König von Thessalien, sandte seinen Neffen *Iason* aus, das Goldene Vlies aus *Colchis* zu rauben.

Pelops, -opis *m* Sohn des *Tantalus*, wurde von seinem Vater getötet und den Göttern zum Mahl vorgesetzt, um diese zu prüfen. Nach der Entdeckung des Frevels wurde Pelops von den Göttern wieder zum Leben erweckt.

Perseus, -eī *m* Sohn des *Iuppiter* und der Menschenfrau *Danae*. Als Perseus ein junger Mann geworden war, machte er sich auf, die *Medusa* zu töten. Mit dem Haupt der Medusa verwandelte Perseus den *Atlas* zu Stein. Er befreite *Andromeda* und machte sie zu seiner Frau. Auf der Hochzeitsfeier versteinerte er seinen Rivalen *Phineus* mit dem Haupt der Medusa.

Phaedra Phädra, Tochter des Königs *Minus*, Schwester der *Ariadna*, zweite Frau des *Theseus*. Verliebte sich unglücklich in ihren Stiefsohn *Hippolytus*. Als dieser ihre Liebe nicht erhörte, erhängte sie sich.

Phaëthōn, -ōntis *m* Sohn des Sonnengottes *Sol*.

Philēmōn, -ōnis *m* alter Bauer in *Phrygien*, Ehemann der *Baucis*. Ihre fromme Gesinnung wird von *Iuppiter* belohnt.

Phīneus, -ī *m* Bruder des Äthiopen-Königs *Cepheus*. Er wurde von *Perseus* mit dem Haupt der *Medusa* versteinert.

Phrygia Phrygien, kleinasiatische Landschaft

Plūtō, -ōnis *m* Pluto (griech. Hades). Gott der Unterwelt. Er entführte die *Ceres*-Tochter *Proserpina* in die Unterwelt und machte sie zu seiner Gattin.

Procrūstēs, -is *m* Prokrustes, ein Räuber, der an der Straße von Eleusis nach Athen lebte. Er lud Reisende ein, die Nacht bei ihm zu verbringen. Wenn die nicht genau in sein Bett passten, pflegte er sie entweder zu strecken oder ihnen die Glieder abzuhauen. Wurde von *Theseus* getötet.

Promētheus, -eī *m* Sohn des Titanen Iapetos; erschuf die Menschen aus Lehm und Wasser und schenkte ihnen das – eigentlich den Göttern vorbehaltene – Feuer. Er wurde dafür auf Geheiß des *Iuppiter* von *Vulcanus* an den *Caucasus* geschmiedet.

Proserpina Proserpina (griech. Persephone). Tochter des *Iuppiter* und der *Ceres*. Wird von *Pluto* in die Unterwelt entführt und zu seiner Gemahlin und Königin der Unterwelt gemacht. Zwei Drittel des Jahres darf sie zu ihrer Mutter und zur Oberwelt zurück.

Pygmaliōn, -ōnis *m* ein Bildhauer von der Insel Zypern.

Pyramus Pyramus, ein Jüngling aus Babylon, Geliebter der *Thisbe*. Die Eltern der beiden waren gegen diese Verbindung, was den Liebenden zum Verhängnis wurde.

Pyrrha 1. die Frau des *Deucalion*. 2. Deckname des Achill, als er sich bei König *Lycomedes* vor Odysseus (s. *Ulixes*) versteckte.

Satyrus Satyr, bocksfüßige, langohrige, gehörnte Waldgottheit. Begleiter des *Bacchus*.

Sicilia die Insel Sizilien an der „Stiefelspitze" Italiens.

Sisyphus Gründer und König von Korinth. Wegen seiner Freveltaten muss er im *Tartarus* auf ewig büßen.

Sōl, Sōlis *m* Sol (griech. Helios), Sonnengott, Vater des *Phaethon*.

Tantalus König von *Lydien*, Vater der *Nioba* und des *Pelops*. Als Sohn des *Iuppiter* durfte er an den Gastmählern der Götter teilnehmen; durch einen schrecklichen Frevel verspielte er dieses Privileg und musste ewige Strafen im *Tartarus* verbüßen.

Tartarus der Teil der Unterwelt, in dem Verbrecher und Übeltäter nach dem Tod ihre Strafen verbüßen mussten, z.B. *Tantalus* und *Sisyphus*.

Thēbae, -ārum *f Pl.* Theben, Hauptstadt der Landschaft Böotien in Griechenland. Ihr Gründer und erster König war *Cadmus*.

Themis, -idis *f* die Göttin der Gerechtigkeit und der ungeschriebenen sittlichen Ordnung.

Thēseus, -eī *m* athenischer Held. Er wuchs bei seiner Mutter *Aethra* in *Troezen* auf. Als er erfuhr, dass *Aegeus*, der König von Athen, sein Vater sei, machte er sich dorthin auf. Auf dem Weg kehrte er bei dem grausamen *Procrustes* ein und tötete diesen. Auf *Creta* tötete er mit Hilfe der *Ariadna* den *Minotaurus*. Vater des *Hippolytus* aus erster Ehe, in zweiter Ehe verheiratet mit *Phaedra*.

Thetis, -idis *f* eine Meernymphe, Tochter des Meeresgottes Nereus. Ihren Sohn *Achilles* versuchte sie vergeblich vor der Teilname am Trojanischen Krieg zu bewahren.

Thisbē, -ēs *f* eine junge Frau aus Babylon, Geliebte des *Pyramus*.

Troezēn, -ēnis *f* Troizen, griech Stadt. in der Argolis. Heimat der *Aethra*. *Theseus* wuchs in Troizen auf, bevor er sich aufmachte, seinen Vater *Aegeus* zu suchen.

Trōia Stadt im Nordwesten Kleinasiens; wurde im Trojanischen Krieg von den Griechen erobert.

Trōiānus trojanisch, Trojaner.

Ulixēs, -is *m* Odysseus, König der griech. Insel Ithaka, Teilnehmer am Trojanischen Krieg auf griechischer Seite. Durch eine List gelingt es ihm, den bei König *Lycomedes* versteckten *Achilles* aufzuspüren.

Venus, Veneris *f* Venus (griech. Aphrodite). Göttin der Liebe und der Schönheit. Ehefrau des *Vulcanus*.

Virtūs, -ūtis *f* die Personifikation der Tugend und des rechtschaffenen Lebens.

Voluptās, ātis *f* die Personifikation der Lust und des genussreichen Lebens.

Bildnachweis

7: akg-images / Erich Lessing | 9: akg-images | 11: akg-images / Nimatallah | 14f.: akg-images / Cameraphoto | 17: akg-images / Erich Lessing | 18: Sotheby's / akg-images | 19: Sotheby's / akg-images | 20: akg-images / Electa | 21: akg-images / Erich Lessing | 23: akg-images / Electa | 25: akg-images / Erich Lessing | 26: akg-images | 27: akg-images | 29: akg-images / Erich Lessing | 30: Bildarchiv Preußischer Kulturbesitz, Berlin | 31: akg-images | 32: Andrea Späth / Bilderdienst Süddeutscher Verlag | 33: akg-images | 34f.: akg-images / Electa | 36: akg-images / Erich Lessing | 37: Bildarchiv Preußischer Kulturbesitz, Berlin / Roman Beniaminson | 39: The Bridgeman Art Library, London | 41: akg-images / Erich Lessing | 42: Ullstein bild | 45: Bildarchiv Preußischer Kulturbesitz, Berlin / Klaus Göken | 47: akg-images | 49: akg-images | 51: akg-images / Rabatti - Domingie | 53: akg-images / Orsi Battaglini | 55: akg-images / Erich Lessing

Vordere Umschlagseite: Brad Pitt in der Rolle des Achill. Szenenbild aus dem Film *Troy* (USA, GB, MLT 2004). Warner Bros. / cinetext, Frankfurt a.M.

Hintere Umschlagseite: Benvenuto Cellini: Perseus. Um 1550. Florenz, Loggia della Signoria. Ullstein bild.